Netzwerk

Deutsch als Fremdsprache

Grammatik
A1–B1

Stefanie Dengler

Tanja Sieber

Ernst Klett Sprachen

Stuttgart

Autoren: Übungen: Stefanie Dengler und Tanja Sieber
Grammatikübersichten: Stefanie Dengler, Paul Rusch, Helen Schmitz, Tanja Sieber

Redaktion: Annie Faugère
Projektleitung: Angela Kilimann
Layoutkonzeption: Andrea Pfeifer, München und Holger Müller, Stuttgart
Illustrationen: Florence Dailleux, Kronberg im Taunus
Gestaltung und Satz: Satzkasten, Stuttgart
Umschlaggestaltung: Studio Schübel, München

Netzwerk A1–B1 – Materialien

	A1	A2	B1
Kursbuch mit 2 Audio-CDs, DVD	606129	606998	605003
Kursbuch mit 2 Audio-CDs	606128	606997	605002
Arbeitsbuch mit 2 Audio-CDs	606130	606999	605004
Kurs- und Arbeitsbuch, Teil 1 mit 2 Audio-CDs, DVD	606131	606142	605014
Kurs- und Arbeitsbuch, Teil 2 mit 2 Audio-CDs, DVD	606132	606143	605005
Intensivtrainer	606138	607000	605009
Testheft mit Audio-CD	606141	605013	605146
Digitales Unterrichtspaket / Lehrwerk digital	606134	605011	605007
Interaktive Tafelbilder auf CD-ROM	606136	605012	
Lehrerhandbuch	606133	605010	605006

Audio-, Video-Dateien, Online-Übungen, Glossare, Wortlisten, Tests, Lösungen und Transkripte zum Download unter www.klett-sprachen.de/netzwerk

1. Auflage   1 ³ ² ¹ | 2019 18 17

Druck und Bindung: Print Consult GmbH, München

ISBN 978-3-12-605008-1

MIX
Papier aus verantwortungsvollen Quellen
FSC® C084279

Inhaltsverzeichnis

Thema	Niveau	Seite

1 Sätze **6**

Aussagesätze A1 6

Fragen und Antworten 6
- W-Fragen und Antworten A1 6
- Ja-/Nein-Fragen und Antworten A1 7

Imperativsätze A1 8

Hauptsätze und Nebensätze 8
- Hauptsätze A1 8
- Hauptsatz und Nebensatz A2 9

2 Verben **11**

Präsens 11
- Formen: *sein* und *haben* A1 11
- Formen: regelmäßige und unregelmäßige Verben A1 11
- Modalverben A1 12

Perfekt 14
- Verbformen: Perfekt A1 14
  - Perfekt: *haben/sein* + Partizip II A1 14
  - Bildung von Partizip II A1 14

Präteritum 16
- Formen: Präteritum von *sein* und *haben* A1 16
- Modalverben im Präteritum A2 16
- Formen: Präteritum, regelmäßig und unregelmäßig B1 17
- Über Vergangenes berichten: Perfekt und Präteritum B1 18

Plusquamperfekt 19
Vorvergangenheit ausdrücken A2 19

Futur I B1 19

Imperativ 20
- Formen A1 20
- Imperativsätze A1 20

Das Verb *werden* A2 21

Das Verb *lassen* B1 22

brauchen zu B1 23

Reflexive Verben 23
- Formen A2 23
- Reflexivpronomen Akkusativ und Dativ B1 24

Verben und ihre Ergänzungen 25
Verben mit Akkusativ, Dativ und mit Dativ <u>und</u> Akkusativ .... A1 ..... A2 25

Verben mit Präposition 27
- Verben mit Präposition .... A2 ..... B1 27
- W-Fragen mit Präposition A2 28
- Pronomen mit Präposition und Pronominaladverbien B1 28
- Verben mit Präposition und Nebensatz B1 29

Konjunktiv II 29
- Formen .... A2 ..... B1 29
  - *sein* und *haben* A2 29
  - Modalverben B1 29
  - Andere Verben: *würde* + Infinitiv A2 29
- Verwendung A2 30
- Irreale Bedingungssätze B1 31

Inhaltsverzeichnis

Passiv 32
- Bildung B1 32
- Verwendung B1 32
- Passiv mit Modalverb B1 33

Verben im Satz: Satzklammer 34
- Modalverben A1 34
- Trennbare Verben A1 34
- Modalverben und trennbare Verben A1 35
- Perfekt A1 36

3 Substantive   **37**

Plural A1 37
Genitiv A1 37
- Name + -s A2 37
- Formen B1 38
n-Deklination B1 38
Adjektive als Substantive B1 39

4 Artikelwörter   **40**

Unbestimmter und bestimmter Artikel: Verwendung A1 40
Bestimmter Artikel: Nominativ, Akkusativ und Dativ A1 40
Bestimmter, unbestimmter Artikel, Negationsartikel:
    Nominativ, Akkusativ, Dativ A1 41
Possessivartikel 41
- Nominativ A1 41
- Nominativ, Akkusativ, Dativ A2 42
Interrogativartikel und Demonstrativartikel 43
- Interrogativartikel: *Welcher? Welches? Welche?* A1 43
- Demonstrativartikel: *dieser, dieses, diese* A1 43
- Interrogativartikel: *Was für ein(e) …?, Welcher/-es/-e …?* A2 44

5 Adjektive   **44**

Mit *sein* A1 44
Mit *sehr/zu* A1 44
Adjektive nach dem Artikel 45
- Nach dem bestimmten Artikel A2 45
- Nach dem unbestimmten Artikel A2 46
- Nach *kein/keine* und *mein, dein, …* A2 46
Adjektivdeklination ohne Artikel B1 47
Partizip als Adjektiv B1 48
Vergleiche 49
- Komparativ und Superlativ, Vergleiche A2 49
- Komparativ und Superlativ vor Substantiven B1 50

6 Pronomen   **51**

Personalpronomen: Nominativ, Akkusativ, Dativ A1 51
Indefinitpronomen 52
- *man* A1 52
- *man, jemand, niemand* und *alles, etwas, nichts* A2 52
Reflexivpronomen: s. Reflexive Verben → Seite 23
Relativpronomen: s. Relativsatz → Seite 69
Pronomen mit Präposition und Pronominaladverbien: → Seite 28
Artikelwörter als Pronomen B1 53
- Formen B1 53

Inhaltsverzeichnis

7 **Präpositionen** — **55**

Mit Akkusativ 55
für, ohne .... A1 ..... A2 55
Mit Dativ 55
aus, bei, mit, nach, seit, von, zu .... A1 ..... A2 55
Lokale Präpositionen 55
Wechselpräpositionen: mit Akkusativ und Dativ 55
• *in* A1 55
• *in, an, auf, neben, zwischen, über, unter, vor, hinter* A2 56
• Positionsverben mit Wechselpräpositionen A2 56
• *an ... vorbei, bis zu, gegenüber, durch, entlang, um ... herum* A2 57
Temporale Präpositionen 58
am, um, von ... bis A1 58
bis, über, um, ab, an, seit, vor, nach A2 58
vor, nach, während B1 59
Mit Genitiv 59
wegen, trotz, während B1 59
innerhalb und *außerhalb* B1 60

8 **Sätze verbinden** — **61**

Hauptsatz und Nebensatz → Seite 8
und, oder, aber A1 61
Nebensatz mit *weil* A2 61
Nebensatz mit *dass* A2 62
Nebensatz mit *wenn* A2 62
Nebensatz mit *als* oder *wenn* A2 63
damit oder *um ... zu*: Absichten ausdrücken A2 64
denn, weil: Gründe ausdrücken A2 64
weil/da, obwohl: Gründe und Gegengründe ausdrücken B1 65
deshalb, trotzdem: Folgen ausdrücken A2 66
deshalb, darum, deswegen: Folgen ausdrücken B1 66
sodass, so ... dass: Folgen ausdrücken B1 66
bevor, nachdem, seit/seitdem, während, bis: temporaler Nebensatz B1 67
Indirekte Fragesätze: W-Fragen A2 67
Indirekte Fragesätze: Ja-/Nein-Fragen mit *ob* A2 68
Infinitiv mit *zu* B1 68
Relativsätze 69
• Nominativ und Akkusativ A2 69
• Dativ B1 69
• Eingeschobene Relativsätze A2 70
• Relativpronomen mit Präposition B1 71
• *was* und *wo* B1 71
Zweiteilige Konnektoren B1 72
Sätze mit *je ... desto* B1 72

Lösungen — **73**

Quellenverzeichnis 80

Abkürzungen und Symbole:
A1: K1, K6
Dieses grammatische Thema lernen Sie in <u>Netzwerk A1</u> in <u>Kapitel 1 und 6</u>.

Aussagesätze

Position 1	Position 2		Satzende
Ich	heiße	Gregor.	
Anna	isst	morgens Müsli.	
Mittags	isst	Anna Nudeln.	
Jan	muss	am Wochenende	arbeiten.
Am Wochenende	steht	Jan um sechs Uhr	auf.
Daniel	ist	zur Uni	gefahren.

Im Aussagesatz steht das Verb auf Position 2. Das Subjekt steht vor oder nach dem Verb.

1 **Mein Tag. Schreiben Sie Sätze. Beginnen Sie mit dem unterstrichenen Element.**

1. aufstehen / am Morgen / um sieben Uhr / <u>ich</u> / .

   <u>*Ich stehe am Morgen um sieben Uhr auf.*</u>

2. frühstücken / zusammen / in der Küche / <u>wir</u> / .

   Wir frühstücken zusammen in der Küche

3. fahren / in die Schule / mit dem Bus / <u>meine Kinder</u> / .

   Meine Kinder fahren mit dem Bus in die Schule

to collect

4. abholen / <u>nach der Schule</u> / die Kinder / mein Mann / .

   Nach der Schule holt mein Mann die Kinder ab.

5. kommen / nach Hause / schon am Nachmittag / <u>er</u> / .

   Er kommt schon am Nachmittag nach Hause.

6. arbeiten müssen / <u>am Samstag</u> / manchmal / er / .

   Am Samstag muss er manchmal arbeiten.

Fragen und Antworten

W-Fragen

W-Fragen

Position 1	Position 2		Satzende
Wer	bist	du?	
Wie	heißen	Sie?	
Woher	kommen	Sie?	
Wann	fängt	das Fest	an?
Was	bringen	die Gäste	mit?
Welche Sprache	sprichst	du?	

Antworten

	Position 2		Satzende
Ich	bin	Gregor.	
Ich	heiße	Oliver Hansen.	
Ich	komme	aus Deutschland.	
Um acht.			
Sie	bringen	Essen	mit.
Deutsch.			

In der W-Frage steht das Verb auf Position 2. Auf Position 1 steht das W-Wort:
Wer? Wie? Wo? Woher? Was? Wann? Welche (Sprachen)?

2 **Im Sprachkurs. Ergänzen Sie das passende W-Fragewort und ordnen Sie die Antworten zu.**

> wann • was • welche • wem • wen • wer • wie viele • wie • wo • woher • wohin

1. _Wann_ beginnt der Unterricht morgen? _K_		A	Aishe kommt aus der Türkei.
2. _Wie_ heißt deine alte Lehrerin? _J_		B	Jetzt sind wir zwölf.
3. _Woher_ kommt die neue Studentin? _A_		C	Wir können in den Park gehen.
4. _Wer_ hat die Hausaufgaben gemacht? _F_		D	Wir haben Kapitel 6 angefangen.
5. _Wie viele_ Studenten sind im Kurs? _B_		E	Das ist bestimmt von Aishe.
6. _Welche_ Hausaufgaben haben wir? _H_		F	Wir alle.
7. _Wo_ ist unser Lehrer? _I_		G	Aishe und Alex vielleicht? Ich frage sie.
8. _Wen_ wollen wir noch mitnehmen? _G_		H	Wir müssen die Wörter lernen.
9. _Was_ habt ihr gestern gemacht? _D_		I	Er ist noch im Lehrerzimmer.
10. _Wem_ gehört das Buch hier? _E_		J	Ich habe den Namen vergessen.
11. _Wohin_ gehen wir nach dem Kurs? _C_		K	Wie immer um acht Uhr.

Ja-/Nein-Fragen

A1: K2, K6, K9

Ja-/Nein-Fragen

Ja-/Nein-Fragen				Antworten
Gehen	wir	ins Kino?		Ja.
Haben	Sie	am Dienstag Zeit?		Nein, leider nicht.
Kommst	du	am Samstag	mit?	Ja.
Musst	du	heute	arbeiten?	Nein.
Hast	du	Tina	getroffen?	Ja.
Position 1			**Satzende**	

In der Ja-/Nein-Frage steht das Verb auf Position 1.

3 **Im Restaurant. Formulieren Sie Ja-/Nein-Fragen.**

1. ◆ ich / bitte / bestellen / können?

   Kann ich bitte bestellen?

   ◇ Moment, ich komme sofort.

2. ◆ Sie / eine Vorspeise / nehmen?

   Nehmen Sie eine Vorspeise?

   ◇ Nein, danke.

3. ◆ Sie / Pizza mit Salami / haben?

   Haben Sie Pizza mit Salami?   ◇ Ja, natürlich.

4. ◆ Sie / einen Kaffee / wollen?

   Wollen Sie einen Kaffee?   ◇ Nein, danke.

5. ◆ ich / bitte / zahlen / können?

   Kann ich bitte zahlen?   ◇ Das macht zusammen 13,50.

6. ◆ es / Ihnen / geschmeckt / haben?

   Haben es Ihnen geschmeckt?   ◇ Ja, danke, es war sehr gut.

Imperativsätze

Position 1				Satzende
Gehen	Sie	links!		
Sprechen	Sie			mit!
Ruf		mich	bitte	an!
Atmet		langsam		ein!

Im Imperativsatz steht das Verb auf Position 1.

4 **Ein Arzt spricht mit Patienten. Formulieren Sie die Aussagesätze im Imperativ.**

Sie dürfen heute nichts essen.

1. *Essen Sie heute nichts.*

Sie müssen im Bett bleiben.

2. Bleiben Sie im Bett

Sie müssen eine Tablette nehmen.

3. Nehmen Sie eine Tablette

Du darfst nur wenig sprechen.

4. Sprich nur wenig

Du darfst keinen Sport machen.

5. Mach keinen Sport

Du musst viel Tee trinken.

6. Trink viel Tee

Hauptsätze und Nebensätze

Hauptsätze

		Position 2		Satzende
Aussagesatz	Anna	trinkt	morgens Kaffee.	
	Am Montag	ist	Jan um sechs Uhr	aufgestanden.
W-Frage	Woher	kommen	Sie?	
	Wann	fängt	das Fest	an?

		Position 1		Satzende
Ja-/Nein-Frage	Gehen	wir	ins Kino?	
	Musst	du	heute	arbeiten?
Imperativsatz	Gehen	Sie	links!	
	Komm			mit!

Im Aussagesatz und in der W-Frage steht das konjugierte Verb auf Position 2.
In der Ja-/Nein-Frage und im Imperativsatz steht das konjugierte Verb auf Position 1.

5 **Lisas Alltag. Wo steht das Verb? Ergänzen Sie das Verb oder die Verben an der richtigen Stelle.**

1. trifft: _____ Lisa _trifft_ ihre Freunde _____ gern _____ am Abend _____.

2. gehen: _Gehen_ zusammen _____ sie _____ dann _____ oft _____ ins Kino _____.

3. hat gemacht: _____ was _hat_ sie _____ am Wochenende _gemacht_?

4. war: _____ sie _war_ bei ihren Eltern _____ in Berlin _____.

5. besuch: „_Besuch_ uns _____ bald wieder _____ !", hat ihr Vater gesagt.

6. hat: _____ in den nächsten Wochen _hat_ sie _____ aber _____ keine Zeit _____.

7. kann besuchen: _____ warum _kann_ sie _____ ihre Eltern _____ nicht _besuchen_?

8. muss arbeiten: _____ sie _muss_ im Moment _____ so viel _arbeiten_

Hauptsatz und Nebensatz

A2: K1, K3, K4, K7, K9, K10, K12

Hauptsatz	Nebensatz		
Rick freut sich,	**weil**	Lisa zum Abendessen	**kommt.**
Steven findet es gut,	**dass**	die Kollegen über Internet	**anrufen.**
Ich ärgere mich,	**wenn**	ich zu viel	arbeiten **muss.**
Lena war nie da,	**wenn**	Melly zu Hause	**war.**
Ich war sechzehn,	**als**	ich das erste Mal	gejobbt **habe.**
Der Mann fragt,	**wann**	der Zug	abgefahren **ist.**
Marius möchte wissen,	**ob**	Tom zum Essen	**kommt.**
Man sagt zuerst „nein",	**damit**	man nicht unhöflich	**wirkt.**
Peter Veit ist der Sprecher,	**der**	in der Sendung	eingeschlafen **ist.**
	Konnektor		**Satzende: Verb**

Im **Nebensatz** steht das Verb am **Satzende**. Nach dem Konnektor steht meistens das Subjekt.

6 **Rund um den Urlaub. Wie passt das zusammen? Verbinden Sie die Sätze.**

1. Es hat heute viel geregnet. Wir sind nicht zum Strand gegangen.

   Weil es heute viel geregnet hat, sind wir nicht zum Strand gegangen.

2. Wir fahren in den Urlaub. Wir nehmen zu viele Sachen mit.

   Wenn wir in den Urlaub fahren, nehmen wir zu viele Sache mit

3. Ich habe in Berlin Urlaub gemacht. Ich habe meine Frau kennen gelernt.

   Als ich in Berlin Urlaub gemacht habe, habe ich meine Frau kennen gelernt

4. Toms Kollege ist krank. Tom kann keinen Urlaub machen.

   Weil Toms Kollege krank ist, kann Tom keinen Urlaub machen

5. Familie Borda kommt wieder nach Hause. Ihr Hund freut sich sehr.

   Wenn Familie Borda wieder nach Hause kommt, freut Ihr Hund sich sehr.

1 Sätze

7 Sehen Sie die Fotos an und schreiben Sie die Sätze zu Ende.

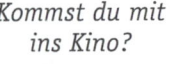

Kommst du mit
ins Kino?

1. Ich freue mich immer sehr, wenn _ich kuchen esse_

2. Heute hatte ich keine Zeit, weil _ich viele Arbeit hatte_

excited 3. Anna war (aufgeregt,) als _____

4. Ich habe eine Freundin gefragt, ob _sie ins Kino mit kommen_

5. Ich habe im Internet gelesen, wann _____

8 Meine sportlichen Nachbarn. Verbinden Sie die Satzteile und schreiben Sie Sätze.

1. Herr und Frau Ring – Fahrrad fahren	wenn	schönes Wetter sein
2. Patrick – täglich laufen	damit	fit bleiben
3. Frau Schneider – oft an den See fahren	weil	gern schwimmen
4. Herr Brandl – Tangolehrer sein	seit	zwei Jahre in Argentinien leben (Perfekt)
5. Melanie – Tennis spielen	wenn	früh aus der Arbeit kommen

1. Herr und Frau Ring fahren Fahrrad, wenn schönes Wetter ist.

9 Der erste Job. Schreiben Sie Sätze. Beginnen Sie mit dem unterstrichenen Satzteil.

1. hat gejobbt / Edda / das erste Mal //, war / sie / sechzehn Jahre / alt / als / .

   Edda hat das erste Mal gejobbt, als sie sechzehn Jahre alt war.

2. hat gegeben / sie / Nachhilfe / ihrem Cousin //, hatte / er / Schulprobleme / weil /.

   Sie

3. hat gefreut / sie / sich //, wurde / ihr Cousin / besser / schnell / dass / .

   _____

4. hat vorbereitet / Edda / sich / immer //, hatte / sie / eine Nachhilfestunde / wenn / .

   _____

5. wollten / andere Schüler / Nachhilfe / auch //, war / sie / erfolgreich / so / weil / .

   _____

6. hat überlegt / Edda / nach einem Jahr //, wird / sie / Lehrerin / ob / .

   _____

7. hatte / sie / Sommerferien / als //, hat gemacht / sie / in einer Sprachschule / ein Praktikum / .

   _____

8. war / sie / sicher / danach //, ist / Lehrerin / für sie / der richtige Beruf / dass / .

   _____

Präsens

Formen: *sein* und *haben*

	sein	haben		
ich	**bin**	habe	Hallo, ich **bin** Georg.	Ich **habe** keine Zeit.
du	**bist**	ha**st**	Wer **bist** du?	Wann **hast** du Zeit?
er/es/sie	**ist**	ha**t**	Er **ist** Taxifahrer.	Sie **hat** keine Zeit.
wir	**sind**	hab**en**	Wir **sind** fertig.	Wir **haben** heute Zeit.
ihr	**seid**	hab**t**	**Seid** ihr fertig?	**Habt** ihr morgen Zeit?
sie	**sind**	hab**en**	Sie **sind** Studenten.	Sie **haben** keine Zeit.
Sie	**sind**	hab**en**	**Sind** Sie Frau Weber?	**Haben** Sie heute Zeit?

10 **Im Hotel. Ergänzen Sie *haben* oder *sein* in der passenden Form.**

1. ◆ Guten Tag! Wie _____*ist*_____ Ihr Name, bitte?

2. ◇ Hallo, mein Name _____*ist*_____ Luca Molino, das _____*ist*_____ meine Frau Monica.

3. ◆ Herzlich willkommen. Ich _____*bin*_____ Georgina Seitz. Wir _____*haben*_____ ein Doppelzimmer

   für Sie. Das Zimmer _____*ist*_____ im 3. Stock und _____*hat*_____ einen Balkon.

4. ◇ Oh, das _____*ist*_____ schön.

5. ◆ _____*Haben*_____ Sie Gepäck?

6. ◇ Ja, ich _____*habe*_____ einen Koffer und meine Frau _____*hat*_____ eine Tasche.

7. ◆ Wir bringen das Gepäck in Ihr Zimmer. _____*Haben*_____ Sie schon Pläne für heute Abend? Im Zentrum

   _____*ist*_____ heute Abend ein Fest.

8. ◇ Vielen Dank, das _____*ist*_____ nett. Aber wir _____*haben*_____ Karten für das Theater.

   _____*Ist*_____ das Theater hier in der Nähe?

9. ◆ Ja, das Theater _____*ist*_____ nur 10 Minuten von hier.

10. ◇ Ah, gut. Ich _____*habe*_____ ein bisschen Hunger. _____*Ist*_____ Sie ein Restaurant hier im Hotel?

11. ◆ Ja, natürlich. Es _____*ist*_____ im 1.Stock.

12. ◇ Super, vielen Dank. Bis später!

Formen: regelmäßige Verben

	wohnen	arbeiten	sprechen *	fahren **	Endung
ich	wohn**e**	arbeit**e**	sprech**e**	fahr**e**	**-e**
du	wohn**st**	arbeit**est**	spr**i**ch**st**	f**ä**hr**st**	**-(e)st**
er/es/sie	wohn**t**	arbeit**et**	spr**i**ch**t**	f**ä**hr**t**	**-(e)t**
wir	wohn**en**	arbeit**en**	sprech**en**	fahr**en**	**-en**
ihr	wohn**t**	arbeit**et**	sprech**t**	fahr**t**	**-(e)t**
sie	wohn**en**	arbeit**en**	sprech**en**	fahr**en**	**-en**
Sie	wohn**en**	arbeit**en**	sprech**en**	fahr**en**	**-en**

Formen: unregelmäßige Verben

* e → i	**sprechen** (du spr**i**chst, er/es/sie spr**i**cht), **geben** (du g**i**bst, er/es/sie g**i**bt),
	treffen (du tr**i**ffst, er/es/sie tr**i**fft), **essen** (du **i**sst, er/es/sie **i**sst),
	sehen (du s**ie**hst, er/es/sie s**ie**ht), **lesen** (du l**ie**st, er/es/sie l**ie**st)
	!! **nehmen** (du n**imm**st, er/es/sie n**imm**t)
** a → ä	**fahren** (du f**ä**hrst, er/es/sie f**ä**hrt), **schlafen** (du schl**ä**fst, er/es/sie schl**ä**ft),
	anfangen (du f**ä**ngst an, er/es/sie f**ä**ngt an), **einladen** (du l**ä**dst ein, er/es/sie l**ä**dt ein)
wissen	ich w**eiß**, du w**eiß**t, er/es/sie w**eiß**, wir wissen, ihr wisst, sie/Sie wissen

11 Kurzporträts. Wählen Sie das passende Verb und ergänzen Sie es im Präsens.

Familie Binder (1) ___wohnt___ schon seit zehn Jahren in der Schiller-

straße. Frau Binder (2) ___arbeitet___ als Lehrerin und Herr Binder

(3) ___ist___ Ingenieur. Er (4) ___kommt___ aus den USA,

deshalb spricht er Englisch und Deutsch. Ihre Kinder (5) ___sprechen___

Deutsch und etwas Englisch. Sie (6) ___gehen___ in die Grundschule und (7) ___haben___

viele Freunde.

> arbeiten • gehen
> haben • kommen
> sein • sprechen
> wohnen

Timo Andersen (8) ___lebt___ allein in einer kleinen Wohnung.

Er (9) ___trifft___ oft Freunde in der Stadt oder seine Freunde

(10) ___besuchen___ ihn. Sie (11) ___kochen___ dann zusammen. Timo

Andersen (12) ___studiert___ noch, deshalb (13) ___liest___ er

viel, oft auch in der Nacht. Am Wochenende (14) ___fährt___ er

manchmal zu seinen Eltern.

> besuchen
> fahren • kochen
> leben • lesen
> studieren
> treffen

12 Verbkonjugation. Sortieren Sie die Verben in die Tabelle. Notieren Sie dann ein Beispiel.

> to send   to advise
> fahren • ~~machen~~ • geben • (schicken) • treffen • sprechen • wohnen • essen • (raten) • leben
> sehen • gehen • finden • anfangen • empfehlen • schlafen • (anziehen)   to put something on

sehen

keine Vokaländerung	e → i bei *du* und *er/es/sie*	a → ä bei *du* und *er/es/sie*
machen	treffen	fahren
wohnen	sprechen	anfangen
gehen	sehen	
finden		
ich ___mache___	ich ___	ich ___
du ___	du ___	du ___
er/es/sie ___	er/es/sie ___	er/es/sie ___

Modalverben

A1: K5, K11

	müssen	können	wollen	dürfen	sollen	Endung
ich	muss	kann	will	darf	soll	--
du	musst	kannst	willst	darfst	sollst	-(s)t
er/es/sie	muss	kann	will	darf	soll	--
wir	müssen	können	wollen	dürfen	sollen	-en
ihr	müsst	könnt	wollt	dürft	sollt	-t
sie	müssen	können	wollen	dürfen	sollen	-en
Sie	müssen	können	wollen	dürfen	sollen	-en

Weitere Modalverben:
möchten: ich möchte, du möchtest, er/es/sie möchte, wir möchten, ihr möchtet, sie/Sie möchten
mögen: ich mag, du magst, er/es/sie mag, wir mögen, ihr mögt, sie/Sie mögen

13 **Ein Hundeleben. Wie heißt die richtige Form? Kreuzen Sie an.**

Familie Knoll hat seit zwei Wochen einen Hund, Malina. Jeden Morgen (1) ☐ muss ☐ müsst ☐ müssen Herr Knoll mit Malina spazieren gehen und am Nachmittag (2) ☐ muss ☐ müsst ☐ müssen die Kinder mit Malina in den Park gehen, weil die Eltern noch arbeiten. Die Kinder (3) ☐ will ☐ wollt ☐ wollen am liebsten den ganzen Nachmittag im Park bleiben, aber sie (4) ☐ kann ☐ könnt ☐ können nicht – sie (5) ☐ muss ☐ müsst ☐ müssen für die Schule lernen. Malina (6) ☐ darf ☐ dürft ☐ dürfen dann im Garten spielen oder sie schläft. Am Abend nach der Arbeit (7) ☐ will ☐ willst ☐ wollt Frau Knoll gemütlich einen Film sehen, aber ihr Mann sagt: „Jetzt (8) ☐ muss ☐ musst ☐ müsst du mit dem Hund spazieren gehen." Frau Knoll ist nicht einverstanden: „Wir (9) ☐ kann ☐ können ☐ könnt zusammen gehen, dann macht es mehr Spaß. Und am Wochenende (10) ☐ darf ☐ darfst ☐ dürft du lang schlafen und ich gehe am Morgen mit Malina spazieren." Das findet Herr Knoll natürlich gut!

14 **Kinoabend. Lesen Sie die Mail und ergänzen Sie das Modalverb in der richtigen Form.**

Hallo Hannes,

wie geht es dir? Bist du noch in Hamburg oder (1) _können_ wir uns am Mittwochabend treffen?

Ich (2) _____ den neuen Film mit Christoph Waltz sehen – hast du auch Lust? Ich

(3) _____ gern die Tickets reservieren, das Kino ist gleich neben meinem Büro. Oder

(4) _____ du etwas anderes machen? Leider (5) _____ ich nur am Mittwoch,

weil ich am Dienstag zum Arzt gehe und dann zu Hause bleiben (6) _____, hat der Arzt gesagt.

Am Mittwoch (7) _____ ich aber wieder alles machen, hat er gesagt. Am Donnerstag

(8) _____ ich mit den Kindern lernen, sie haben nächste Woche Tests. (9) _____

du mich heute noch anrufen?

Hoffentlich bis Mittwoch, viele Grüße

Peter

15 **Familienalltag. Schreiben Sie die Sätze. Beginnen Sie mit dem unterstrichenen Satzteil.**

1. müssen / <u>ich</u> / länger arbeiten / heute / .

   Ich muss _____

2. wollen / die Familie / gehen / in den Zoo / <u>am Sonntag</u> / .

   _____

3. dürfen / <u>die Kinder</u> / spielen / mit ihren Freunden / .

   _____

4. sollen / <u>wir</u> / putzen / die Wohnung / zusammen / .

   _____

5. können / ich / <u>am Wochenende</u> / viel schlafen / .

   _____

6. möchten / die Eltern / ihre Nachbarn / besuchen / <u>am Samstag</u> / .

   _____

Perfekt

Verbformen: Perfekt

A1: K9, K10

Perfekt: *haben/sein* + Partizip II

haben + Partizip II	Daniel	**hat**	sechs Stunden	**gelernt**.
sein + Partizip II	Daniel	**ist**	zur Uni	**gefahren**.

Perfekt mit dem Hilfsverb *sein*: Verben der Ortsveränderung A → 🚶 → B: fahren – ist gefahren,

gehen – ist gegangen, kommen – ist gekommen, … <u>Ausnahme</u>: bleiben – ist geblieben

Bildung von Partizip II

Regelmäßige Verben: ge-...-(e)t		**Unregelmäßige Verben: ge-...-en**	
machen	hat **ge**-mach-**t**	sehen	hat **ge**-seh-**en**
arbeiten	hat **ge**-arbeit-**et**	trinken	hat **ge**-tr**u**nk-**en**
		finden	hat **ge**-f**u**nd-**en**
Verben auf -ieren: -...t		bleiben	ist **ge**-bl**ie**b-**en**
studieren	hat studier-**t**	gehen	ist **ge**-g**ang**-en
funktionieren	hat funktionier-**t**		

Trennbare Verben (an-, auf-, aus-, mit-, um-, vor-, …) **Präfix + ge-...-(e)t/-en**	um｛tauschen	hat um**ge**tausch**t**
	an｛kommen	ist an**ge**komm**en**
	auf｛stehen	ist auf**ge**st**anden**
	an｛ziehen	hat an**ge**z**og**en
Nicht trennbare Verben (be-, emp-, ent-, er-, ge-, miss-, ver-, zer-) **Präfix + ...-(e)t/-en**	bezahlen	hat bezahl**t**
	bekommen	hat bekomm**en**
	empfehlen	hat empf**oh**len
	gefallen	hat gefall**en**

16 **Ein normaler Tag. Perfekt mit *haben* und *sein*. Was passt? Kreuzen Sie an.**

1. Paula ☐ hat ☐ ist morgens schnell einen Kaffee getrunken.

2. Es war schon spät und sie ☐ hat ☐ ist zur Bushaltestelle gelaufen.

3. Dann ☐ hat ☐ ist sie mit dem Bus zur Arbeit gefahren.

4. Sie ☐ hat ☐ ist bis 13 Uhr am Computer gearbeitet.

5. Mittags ☐ hat ☐ ist Paula mit Kollegen ins Restaurant gegangen.

6. Am Nachmittag ☐ hat ☐ ist sie lange mit ihrem Chef gesprochen.

7. Danach ☐ hat ☐ ist sie viele E-Mails und Rechnungen geschrieben.

8. Sie ☐ hat ☐ ist erst um 19 Uhr nach Hause gekommen.

9. Am Abend ☐ hat ☐ ist sie zu Hause geblieben.

10. Sie ☐ hat ☐ ist mit ihrem Freund einen lustigen Film gesehen.

17 Mein Wochenende. Ergänzen Sie das Partizip II.

Hallo Ben,

wie geht's? Wie war dein Wochenende? Was hast du (1) __gemacht__ (machen)? Hast du dich mit Marie

(2) _____ (treffen)? Mein Wochenende war ein bisschen langweilig. Am Samstagvormittag habe ich

für die Uni (3) _____ (lernen). Am Nachmittag war ich in der Stadt und habe ein neues Kleid

(4) _____ (kaufen). Am Abend bin ich dann mit meiner Schwester ins Kino (5) _____

(gehen), wir haben den neuen Film mit Elyas M'Barek (6) _____ (sehen). Am Sonntag habe ich lange

(7) _____ (schlafen) und dann mit meiner Familie zu Mittag (8) _____ (essen). Und am

Nachmittag habe ich mit Paula zusammen im Fitnessstudio (9) _____ (trainieren). Du siehst, an mei-

nem Wochenende ist nichts Besonderes (10) _____ (passieren). Ich bin gespannt auf deinen Bericht!

Liebe Grüße

Ella

18 Gespräch in der Mittagspause. Ergänzen Sie das Partizip II.

> ~~gefallen~~ • aufstehen • einladen • anfangen • anrufen • bestellen • vergessen • empfehlen • besuchen

◆ Wie war es in Hamburg? Hat euch das Hotel

(1) __gefallen__ ?

◇ Ja, das war echt ein guter Tipp.

◆ Wer hat es euch denn (2) _____?

◇ Ella. Sie war letztes Jahr mit ihren Freunden

dort. Und wie war dein freier Tag gestern?

◆ Ach, ganz schön. Ich bin erst um 12 Uhr

(3) _____ und dann habe ich

meine Eltern (4) _____.

Mein Vater hatte Geburtstag und hat für die Familie gekocht. Ach, übrigens hat mich Ben zu seiner Party

(5) _____. Kommst du auch?

◇ Ja, klar. Ich habe auch schon ein Geschenk für ihn im Internet (6) _____. Ach, da hinten

kommt Frau Müller. Hast du sie gestern noch (7) _____?

◆ Oh nein, das habe ich total (8) _____! Ich telefoniere nach dem Workshop kurz mit ihr.

◇ Oh, der Workshop! Es ist schon 14.10 Uhr. Er hat sicher schon (9) _____.

◆ Dann komm schnell. Wir beeilen uns!

Präteritum

Präteritum von *sein* und *haben*

A1: K6

	sein	haben		
ich	war	hatte	Ich **war** 7 Jahre alt.	Ich **hatte** Glück.
du	warst	hattest	Wie alt **warst** du?	Du **hattest** Glück.
er/es/sie	war	hatte	Der Tag **war** schön.	Er **hatte** Glück.
wir	waren	hatten	Wir **waren** Studenten.	Wir **hatten** Glück.
ihr	wart	hattet	**Wart** ihr Studenten?	Ihr **hattet** Glück.
sie	waren	hatten	Sie **waren** Schüler.	Sie **hatten** Glück.
Sie	waren	hatten	Wo **waren** Sie gestern?	**Hatten** Sie Glück?

19 **Wie war dein Wochenende? Ergänzen Sie das Präteritum von *haben* oder *sein*.**

1. ◆ Wo _____ du gestern?

   ◇ Ich _____ bei Ben. Er _____

   Geburtstag.

2. ◆ Wie _____ das Wetter?

   ◇ Schön. Es _____ sehr warm und wir

   _____ am See.

3. ◆ Wir _____ am Sonntag im Museum.

   Und ihr?

   ◇ Wir _____ zu Hause. Alex _____

   krank.

4. ◆ Wie lange _____ ihr gestern im Park?

   ◇ Bis abends. Wir _____ viel Spaß.

   ◆ _____ Ella und Mike auch im Park?

   ◇ Nein, sie _____ leider keine Zeit.

5. ◆ Du _____ am Samstag nicht auf Bens Party.

   ◇ Nein, ich _____ Kopfschmerzen.

Modalverben im Präteritum

A2: K2

	wollen	können	müssen	dürfen	sollen
ich	wollte	konnte	musste	durfte	sollte
du	wolltest	konntest	musstest	durftest	solltest
er/es/sie	wollte	konnte	musste	durfte	sollte
wir	wollten	konnten	mussten	durften	sollten
ihr	wolltet	konntet	musstet	durftet	solltet
sie/Sie	wollten	konnten	mussten	durften	sollten

20 Modalverben im Präteritum. Ergänzen Sie.

Sorry, ich (1) _____ am Wochenende keinen Sport machen. Der Arzt hat es verboten, weil ich immer noch erkältet bin. ☹

Kein Problem, ich (2) _____ arbeiten und hatte auch keine Zeit …

Wo warst du? Wir (3) _____ uns doch gestern in der Mittagspause treffen!

Tut mir leid! Ich (4) _____ nicht kommen. Ich war krank.

Warum arbeitest du schon wieder? Du (5) _____ doch einige Tage zu Hause bleiben, hat der Arzt gesagt.

Ja, eigentlich schon. Aber ich (6) _____ heute Morgen mit den Kunden sprechen. Meine Kollegen kennen das Projekt leider nicht.

21 Erinnerungen an die Kindheit. Schreiben Sie Sätze mit Modalverben im Präteritum. Beginnen Sie mit dem unterstrichenen Satzteil.

1. ich / können / oft im Garten / spielen

   Ich konnte oft im Garten spielen.

2. meine Geschwister und ich / müssen / im Haus / helfen

   _____

   _____

3. wir / dürfen / am Wochenende / unsere Freunde / treffen

   _____

4. ich / wollen / immer mit meinem Hund / spazieren gehen

   _____

5. mein Bruder / können / sehr gut / Ski fahren

   _____

6. am Wochenende / ich / sollen / meine Großeltern / besuchen

   _____

Präteritum, regelmäßig und unregelmäßig

B1: K3

Regelmäßige Verben: suchen		
ich	suchte	-e
du	suchtest	-est
er/es/sie	suchte	-e
wir	suchten	-en
ihr	suchtet	-et
sie/Sie	suchten	-en
Regelmäßige Verben: -t + Endung		

Unregelmäßige Verben: geben, gehen			
ich	gab	ging	--
du	gabst	gingst	-st
er/es/sie	gab	ging	--
wir	gaben	gingen	-en
ihr	gabt	gingt	-t
sie/Sie	gaben	gingen	-en
Unregelmäßige Verben: Vokalwechsel, 1. + 3. Person ohne Endung			

Verben mit Vokalwechsel und regelmäßiger Endung: kennen – er kannte, nennen – er nannte, rennen – er rannte, wissen – er wusste, mögen – er mochte, denken – er dachte, bringen – er brachte

2 Verben

Über Vergangenes berichten: Perfekt und Präteritum B1: K3

1. Beim Sprechen oder in Texten wie E-Mails oder SMS verwendet man meistens das **Perfekt**:
   Ich **bin** gestern ins Kino **gegangen**. Ich **habe** einen Film über die DDR **gesehen**.
2. In der geschriebenen Sprache (offizielle Briefe, Zeitungen, Berichte, ...) verwendet man häufig das **Präteritum**: In den 50er-Jahren **übernahm** Schweisfurth das Familienunternehmen.
3. Einige Verben verwendet man fast immer im Präteritum: *sein, haben* und Modalverben:
   Er **war** im Kino. Er **hatte** eigentlich keine Zeit, aber er **wollte** den Film trotzdem sehen.

22 Die Biografie von Florian Müller. Markieren Sie alle Perfektformen und formulieren Sie den Text dann im Präteritum.

Ich bin in einem kleinen Dorf aufgewachsen. Schon als Kind habe ich auf dem Bauernhof meiner Eltern geholfen. Vormittags bin ich zur Schule gegangen und am Nachmittag habe ich auf dem Hof gearbeitet. Mein Vater hat immer gedacht, dass ich mal den Hof übernehme. Aber nach dem Abitur habe ich eine lange Reise gemacht. In dieser Zeit habe ich entschieden, einen anderen Weg zu gehen. Ich habe dann in München Architektur studiert. Danach habe ich gleich eine Stelle in einem bekannten Büro gefunden. Ich bin zehn Jahre dort geblieben. Nach zehn Jahren habe ich eine Veränderung gebraucht. Ich bin zurück in mein Dorf gegangen und lebe und arbeite jetzt wieder auf dem Hof meiner Eltern.

Florian Müller wuchs in einem kleinen Dorf auf. ...

23 Vivian Hartmanns neues Leben. Perfekt oder Präteritum? Ergänzen Sie die Verben in der richtigen Form.

> treffen • arbeiten • sein • kochen • fragen • haben • gehen • können
> suchen • finden • sein • sagen • machen • kommen

Vivian Hartmann (1) _____ bereits als Jugendliche sehr gerne, besonders Suppen und Nudelgerichte. Am glücklichsten (2) _____ sie, wenn sie ihren Eltern in der Küche ihres Restaurants helfen (3) _____. Trotzdem (4) _____ sie nach der Schule eine Ausbildung bei einer Bank. Acht Jahre (5) _____ sie anschließend dort. Aber wirklich zufrieden (6) _____ sie nicht. „Ich (7) _____ nette Kollegen und auch eine gute Chefin. Aber dann (8) _____ mich ein Freund _____, ob ich Lust habe, ein Café mit ihm zu eröffnen und ich (9) _____ sofort „Ja"_____. Vivian Hartmann und ihr Geschäftspartner (10) _____ ein halbes Jahr nach den richtigen Räumen und (11) _____ schließlich das perfekte Lokal im Westend. Seit Anfang Mai gibt es dort das *Café Blume*, wo Vivian täglich drei Mittagsgerichte kocht und man herrlichen Kuchen essen kann. „Am Anfang (12) _____ nur unsere Bekannten _____, aber mittlerweile kennen uns die Leute im Viertel. Das Café läuft gut und es macht mir einfach viel Spaß, obwohl ich mehr arbeite als in der Bank. Früher (13) _____ ich am Abend und am Wochenende Freunde _____ oder ich (14) _____ ins Kino _____. Jetzt bin ich fast immer im Café, aber ich bin glücklich."

Plusquamperfekt

Vorvergangenheit ausdrücken

jetzt	Wir leben in einem großen Haus.	Gegenwart → Präsens
früher	Es gab oft Streit. Wir haben Hilfe gesucht.	Vergangenheit → Präteritum, Perfekt
noch früher	Nina **hatte** allein mit Dominik **gelebt**. Sascha **war** zur Welt **gekommen**.	Vorvergangenheit → Plusquamperfekt

24 **Was war vorher passiert? Ordnen Sie zu und schreiben Sie Sätze im Plusquamperfekt.**

> zwei Stunden durch den Park joggen • die ganze Nacht nicht schlafen • ~~den Bus verpassen~~
> den ganzen Tag nichts essen • eine gute Note im Examen bekommen • lange auf diese Nachricht warten
> im Regen spazieren gehen

1. Britta kam zu spät zur Arbeit.   *Sie hatte den Bus verpasst.* _____

2. Luis hatte großen Hunger. _____

3. Anna trank eine ganze Flasche Wasser. _____

4. Sam saß müde im Büro. _____

5. Marie war glücklich. _____

6. Vincent war total nass. _____

7. Pia öffnete ungeduldig den Brief. _____

Futur I

Ich	**werde**	oft in der Bibliothek	**sein**.
Angelo	**wird**	seiner Tochter etwas	**schenken**.
	werden		Infinitiv

Über die Zukunft kann man auch folgendermaßen sprechen:
– Verb im Präsens + Zeitangabe: Wir **schreiben in zwei Wochen** einen Test.
– mit Modalverb *wollen* oder *möchten*: Isabella **will** ihren Zeitplan beim Lernen einhalten.
– mit Verben wie *vorhaben, anfangen*, ...: Isabella **hat vor**, in der Bibliothek zu lernen.

25 **Eine Reise nach Italien. Ergänzen Sie die Verben im Futur I.**

> besichtigen • besuchen • sein • schwimmen • mitkommen • kochen • ~~reisen~~ • sprechen

1. Ich _werde_ nächsten Sommer nach Italien _reisen_ _____.

2. Meine Schwester und ich _____ meine Großeltern _____.

3. Meine Oma _____ für uns leckere Gerichte _____.

4. Wir _____ mit allen Verwandten _____.

5. Die ganze Familie _____ zusammen _____.

6. Ich _____ jeden Tag im Meer _____.

7. Meine Schwester _____ ständig alte Kirchen _____.

8. Mein Bruder _____ dieses Jahr leider nicht _____.

26 Pläne für das neue Jahr. Formulieren Sie Sätze im Futur I.

Meine Pläne ☺	
1. mehr Sport machen	1. _Ich werde mehr Sport machen._
2. öfter Freunde treffen	2. _____
3. nicht mehr so viel arbeiten	3. _____
4. meine Eltern regelmäßig besuchen	4. _____
5. früher schlafen gehen	5. _____
6. weniger Geld ausgeben	6. _____

Imperativ

Formen

A1: K3, K11

	Sie	du	ihr
kommen	Kommen Sie!	Komm!	Kommt!
lesen	Lesen Sie!	Lies!	Lest!
anrufen	Rufen Sie an!	Ruf an!	Ruft an!
! sein	Seien Sie ganz ruhig!	Sei ganz ruhig!	Seid ganz ruhig!

Imperativ mit *du*: d̶u̶ komms̶t̶ → Komm!
                      d̶u̶ lies̶t̶ → Lies!
                      du schläfst → Schlaf!

Imperativsätze

Position 1				Satzende
Gehen	Sie	links!		
Sprechen	Sie			mit!
Ruf		mich	bitte	an!
Atmet		langsam		ein!

Im Imperativsatz steht das Verb auf Position 1.

27 **Im Büro. Wie heißt die richtige Form? Kreuzen Sie an.**

1. Sylvia, ☐ ruf ☐ ruft ☐ rufen Frau Jensch bitte heute noch an!
2. ☐ Komm ☐ Kommt ☐ Kommen Sie doch bitte rein!
3. ☐ Setz ☐ Setzt ☐ Setzen Sie sich doch hier hin!
4. Herr Dietz, ☐ sei ☐ seid ☐ seien Sie bitte so nett und ☐ mach ☐ macht ☐ machen Sie einen Kaffee für uns!
5. ☐ Bereite ☐ Bereitet ☐ Bereiten Sie bitte die Präsentation für Montag vor.
6. ☐ Hilf ☐ Helft ☐ Helfen Sie mir bitte bei der Präsentation, Sylvia!
7. Herr Gregor, ☐ ruf ☐ ruft ☐ rufen Sie dann bitte noch bei dem neuen Kunden an!
8. Und ☐ mach ☐ macht ☐ machen Sie einen Termin für nächste Woche!
9. Sven und Matthias, ☐ lies ☐ lest ☐ lesen Sie doch die Mail und ☐ schreib ☐ schreibt ☐ schreiben Sie eine Antwort!
10. Und Matthias, ☐ kopier ☐ kopiert ☐ kopieren Sie dann bitte das Dokument hier!

Das Verb *werden*

Präsens			
ich	werd**e**	wir	werd**en**
du	w**i**r**st**	ihr	werd**et**
er/es/sie	w**i**rd	sie/Sie	werd**en**

Präteritum			
ich	w**u**rde	wir	w**u**rden
du	w**u**rdest	ihr	w**u**rdet
er/es/sie	w**u**rde	sie/Sie	w**u**rden
Perfekt	Er **ist** Fernfahrer gew**o**rden.		

Verwendung

werden + Substantiv: werden + Adjektiv: werden + Altersangabe:
Er **wird** <u>Fernfahrer</u>.   Sie **wird** <u>arbeitslos</u>.   Sie **wird** <u>40 (Jahre alt)</u>.

28 **Miriams Zukunftspläne. Setzen Sie *werden* oder *sein* in der passenden Form ein.**

Miriam (1) _____ seit gestern endlich 18 Jahre alt
und sie hat schon große Zukunftspläne. Im Moment

(2) _____ sie noch Schülerin, aber im Sommer macht

sie Abitur. Dann möchte sie studieren und Ärztin

(3) _____. Ihre Eltern (4) _____ auch Ärzte

und arbeiten im Krankenhaus. Miriam (5) _____ Ärztin,

weil sie anderen helfen möchte.

29 **Klassentreffen. Achten Sie auf die Tempusform (2 Lücken = Perfekt) und ergänzen Sie *werden*.**

◆ Kannst du dich noch an Max erinnern? (1) _____ er Pilot _____, wie er immer gesagt
hat?

◇ Nein, er wollte nach der Schule doch nicht mehr Pilot (2) _____. Er hat dann Spanisch und
Deutsch studiert und (3) _____ Lehrer.

◆ Echt? Das überrascht mich ja doch. Und was (4) _____ aus unserem alten Deutschlehrer
_____, ist er noch an der Schule?

◇ Der ist schon Rentner. Er (5) _____ nächste Woche 70 Jahre alt. Meine Eltern kennen ihn privat.

◆ Ach, was (6) _____ eigentlich deine Geschwister _____? Anna konnte doch so gut
singen!

◇ Sie (7) _____ keine Sängerin _____, aber sie ist jetzt Musiklehrerin. Und Benno
studiert nochmal, er (8) _____ jetzt Ingenieur. Er war ja Mechaniker, aber die Arbeit
(9) _____ ihm zu langweilig. Und er (10) _____ ganz jung Vater _____,
seine Tochter ist jetzt schon 14.

◆ Ach ja! Meinst du, viele aus unserer Klasse (11) _____ schon Eltern _____?

◇ Klar, wir haben vor 20 Jahren Abitur gemacht – fast alle haben schon Kinder. Was (12) _____ du
eigentlich _____? Die ganze Zeit fragst du nach den anderen!

◆ Ich? Ich interessiere mich einfach für Menschen. Vielleicht (13) _____ ich deshalb Psychologe
_____.

Das Verb *lassen*

ich lasse	wir lassen	Präsens:	Ich	**lasse**	das	**machen.**
du lässt	ihr lasst	Präteritum:	Ich	**ließ**	das	**machen.**
er/es/sie lässt	sie/Sie lassen	Perfekt:	Ich	**habe**	das	**machen lassen.**
		mit Modalverb:	Ich	**kann/konnte**	das	**machen lassen.**

Ich bügle mein Hemd. = Ich mache das selbst. • Ich lasse mein Hemd bügeln. = Jemand macht das für mich.

30 **Selbst machen oder machen lassen? Sehen Sie die Bilder an und schreiben Sie Sätze.**

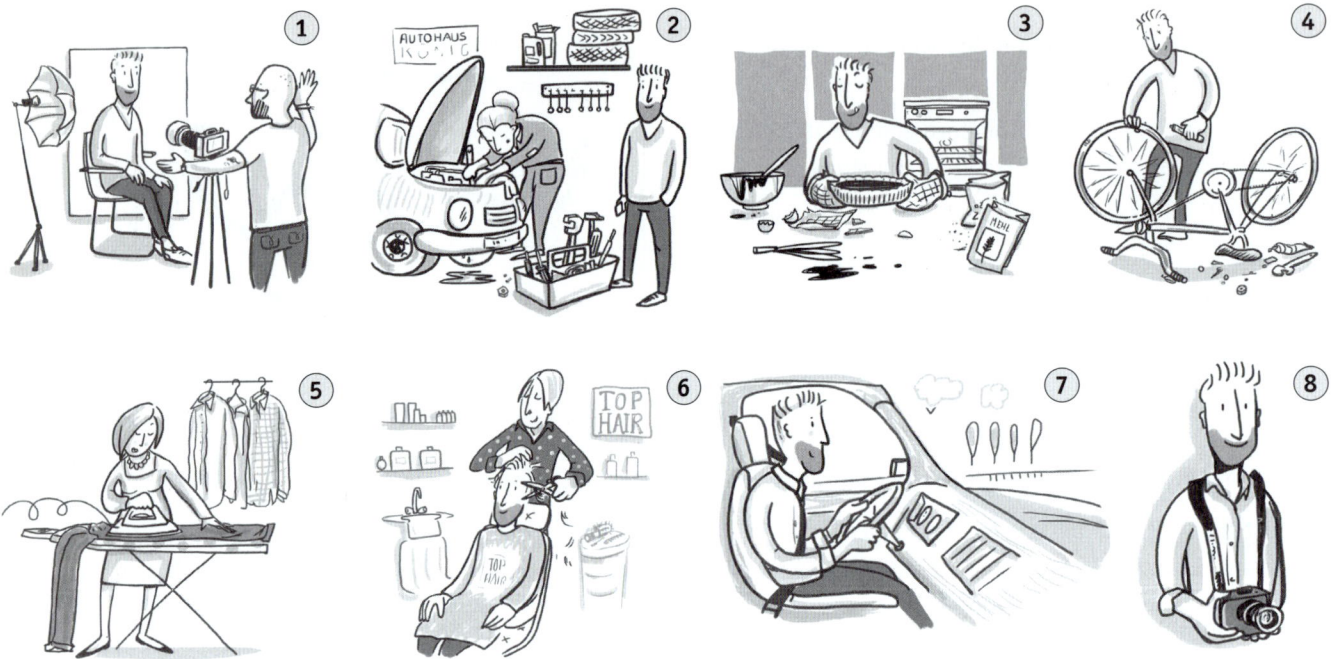

1. Thomas lässt ein Foto machen.

31 **Das können auch andere machen! Schreiben Sie die Sätze in der Vergangenheit.**

1. Am Samstag lasse ich meine Wäsche waschen.

(Perfekt) _____

2. Ich kann mir am Vormittag die Haare schneiden lassen.

(Präteritum) _____

3. Mein Sohn lässt seine große Schwester seine Hausaufgaben machen.

(Präteritum) _____

4. Meine Kinder lassen sich mittags eine Pizza bringen.

(Perfekt) _____

5. Mein Mann lässt den Garten sauber machen.

(Präteritum) _____

6. Ich lasse meine Kinder unsere Wäsche bügeln.

(Perfekt) _____

brauchen zu

nicht/kein + brauchen + zu; nur + brauchen + zu

B1: K8

nicht + brauchen + zu	Das **brauchst** du **nicht zu** machen. = Das musst du nicht machen.
kein/keine + brauchen + zu	Sie **brauchen keine** Angst **zu** haben. = Sie müssen keine Angst haben.
nur + brauchen + zu	Sie **brauchen** mich **nur zu** rufen. = Sie müssen mich nur rufen.

32 Lesen Sie die Chat-Nachrichten und formulieren Sie Antworten mit *nicht/kein* und *nur + brauchen + zu*.

1. Ich würde so gern mit dir sprechen!

Kein Problem: _Du brauchst mich nur_
anzurufen! (anrufen)

2. Der Hund muss raus, aber es ist so kalt!

Ein Spaziergang tut gut. _Du brauchst_
dich nur zu warm dar
anzuziehen
(sich warm anziehen)

3. Hast du Hunger? Ich habe noch keine Zeit fürs Abendessen gehabt …

Wir gehen ins Restaurant. _Du brauchst_
nicht zu kochen (kochen)

4. Morgen ist die Präsentation … Schaffe ich das?

Du schaffst das bestimmt. _Du brauchst_
keine Angst zu haben (Angst haben)

5. Mama hat morgen Geburtstag und ich habe kein Geschenk.

Das habe ich schon erledigt! _Du brauchst_
nichts zu kaufen (kaufen)

6. Was müssen wir noch für die Party vorbereiten?

Fast nichts mehr! _Du brauchst nur_
die Nachbarn zu informieren
(die Nachbarn informieren)

Reflexive Verben

A2: K1

Formen

sich beeilen					
ich	beeile	**mich**	**wir**	beeilen	**uns**
du	beeilst	**dich**	**ihr**	beeilt	**euch**
er/es/sie	beeilt	**sich**	**sie/Sie**	beeilen	**sich**

Wir treffen **uns** um acht Uhr. – Okay, ich muss bis acht Uhr arbeiten, aber **ich** beeile **mich**.

Weitere reflexive Verben:
sich anziehen, sich ärgern, sich ausruhen, sich beschweren, sich freuen, sich (hin)setzen, sich langweilen, sich treffen, sich umziehen, …

33 Arbeitsleben. Was passt zusammen? Verbinden Sie.

1. Für Kundengespräche zieht er   A sich, wenn der Chef zu spät kommt.
2. Wir müssen uns jetzt aber   B treffen, dann habt ihr mehr Zeit.
3. Die meisten Kollegen ärgern   C über den Kunden geärgert.
4. Ihr könnt euch auch am Wochenende   D sich immer einen Anzug an.
5. Gestern habe ich mich total   E sich am Abend am liebsten aus.
6. Nach einer Geschäftsreise ruht sie   F beeilen, die Besprechung fängt gleich an.

34 In der Firma. Wählen Sie das passende reflexive Verb und ergänzen Sie die Sätze.

> ~~sich beeilen~~ • sich ärgern • sich treffen • sich entschuldigen • sich beschweren • sich waschen

1. Rick muss gleich nach Hause und die Mail ist noch nicht fertig.

   Er muss _sich beeilen_____.

2. Ich habe eine wichtige Besprechung mit einem Kunden.

   Wir _____ morgen in seiner Firma.

3. Sie haben lange auf den Chef gewartet, weil er den Termin vergessen hat.

   Als er endlich da war, hat er _____.

4. Die Lieferung ist viel zu spät gekommen.

   Ich habe in der Firma angerufen und _____.

5. Wir haben unser Lager aufgeräumt, dort war es sehr schmutzig.

   Danach haben wir _____.

6. Dein Kollege telefoniert immer sehr laut in deinem Büro.

   Du _____ sicher, du musst dringend mit ihm sprechen.

Reflexivpronomen   **B1:** K8

Reflexivpronomen im Akkusativ und Dativ

Ich ziehe		**mich**	an.
Ich ziehe	**mir**	**den** Pullover	an.
	Dativ	**Akkusativ**	

Reflexivpronomen im Dativ

Singular		Plural	
ich	mir	wir	uns
du	dir	ihr	euch
er/es/sie	sich	sie/Sie	sich

Wenn es bei reflexiven Verben ein Reflexivpronomen <u>und</u> ein Akkusativobjekt gibt, steht das Reflexivpronomen im Dativ.

35 Chaos am Morgen. Ergänzen Sie das Reflexivpronomen im Akkusativ oder Dativ.

Bei Familie Schäfer ist es jeden Morgen etwas stressig. Alle

müssen (1) _____ beeilen, weil sie in die Schule oder in die

Arbeit müssen. Der ältere Sohn Timo duscht (2) _____

normalerweise als Erster, während die anderen (3) _____

schon anziehen. Theresa, die Tochter, ruft heute laut: „Könnt ihr

(4) _____ bitte noch mehr beeilen. Ihr müsst (5) _____

noch die Haare kämmen und ich will (6) _____ heute die

Haare waschen! Ich muss ins Bad!" Der Vater Jens versuchte sie zu

beruhigen: „Du kannst (7) _____ doch auch später die Haare waschen. Zieh (8) _____ zuerst an und

dann ist Timo bestimmt fertig. Die Zähne kannst du (9) _____ auch in der Küche putzen!" Er rasiert

(10) _____ einfach im Flur und lässt (11) _____ nicht ärgern. Vor dem Frühstück um sieben Uhr

haben (12) _____ alle angezogen und danach putzen die Kinder (13) _____ die Zähne. Um Viertel

vor acht sind alle aus dem Haus und es ist wieder ganz ruhig.

Verben und ihre Ergänzungen

Verben mit Akkusativ, Dativ und mit Dativ und Akkusativ

A1: K4

Verben mit Akkusativ

Die meisten Verben haben ein Akkusativobjekt.

Nominativ	Verb	Akkusativ
Ich	sehe	den Trainer.
Ich	kenne	ihn.

Weitere Verben: anrufen, bestellen, besuchen, brauchen, essen, finden, fragen, haben, hören, kaufen, kochen, lesen, machen, mögen, nehmen, sehen, suchen, trinken, vergessen, verlieren, verstehen, …

36 **Im Deutschkurs. Ergänzen Sie die Wörter aus dem Schüttelkasten im Akkusativ.**

> die Aufgaben • das Deutschbuch • die Lehrerin • der Kurs • der Text • die Wörter

Ramira liest (1) _____ über deutsches Essen laut vor. Sie fragt

(2) _____ , wie das Wort auf Deutsch heißt. Ramira besucht

(3) _____ seit zwei Wochen. Alex vergisst manchmal

(4) _____ zu Hause. Er schreibt (5) _____ dann

in sein Heft. Alex lernt (6) _____ zusammen mit seiner Frau.

Verben mit Dativ

A1: K10

Einige Verben brauchen ein Dativobjekt. Das Dativobjekt ist normalerweise eine Person, ein Tier oder eine Institution.

Nominativ	Verb	Dativ
Wir	helfen	dem Mann.
Der Kurs	gefällt	mir.

Weitere Verben: antworten, danken, gehören, glauben, gratulieren, passen, schmecken, stehen, vertrauen, verzeihen, …

37 **Auf dem Fest. Wie heißt die richtige Form? Kreuzen Sie an.**

1. Patrick dankt ☐ sein ☐ seine ☐ seinen Freunden für das Geschenk.
2. Das Geschenk gefällt auch ☐ den ☐ der ☐ die Freundin von Patrick.
3. Patrick gibt ☐ ihn ☐ ihr ☐ ihren einen Kuss.
4. Seine Mutter gratuliert ☐ er ☐ ihm ☐ ihn zum Geburtstag.
5. Sie hat ☐ ihr ☐ ihrem ☐ ihren Sohn bei der Vorbereitung geholfen.

38 **In der Firma. Dativ oder Akkusativ? Ergänzen Sie Artikel oder Pronomen in der richtigen Form.**

1. ◆ Siehst du _____ (der) Mann dort drüben? Ist das ein neuer Kollege?

   ◇ Keine Ahnung, ich kenne _____ (er) nicht.

2. ◆ Kannst du _____ (ich) mal helfen?

   ◇ Moment, ich lese noch _____ (der) Text, dann habe ich Zeit.

3. ◆ Schmeckt _____ (du) das Essen in der Kantine?

   ◇ Ja, ich finde es ganz gut. Ich esse eigentlich jeden Tag _____ (der) Salat. Der ist immer frisch.

4. ◆ Herr Müller, gehört diese Tasche _____ (Sie)?

   ◇ Oh ja, danke. Ich habe _____ (sie) schon gesucht.

5. ◆ Franz ist ein super Kollege. Ich mag _____ (er) wirklich und ich kann _____ (er) echt

   vertrauen. Eigentlich ist er ein Freund und nicht nur ein Kollege.

2 Verben

Verben mit Dativ und Akkusativ

Manche Verben stehen mit einem Dativobjekt (Person) und einem Akkusativobjekt (Sache).

A2: K8

Weitere Verben: einer Person etwas anbieten, bringen, erklären, geben, holen, schenken, schicken, zeigen, …

Dativ vor Akkusativ

Nominativ	Verb	Dativ	Akkusativ
Die Profis	erklären	den Leuten	die Regeln.
Sie	geben	ihnen	Helme.
		Person	Sache

Akkusativ als Pronomen? → Akkusativ vor Dativ

Nominativ	Verb	Akkusativ	Dativ
Die Profis	erklären	sie	ihnen / den Leuten.
Sie	geben	sie	ihnen / den Besuchern.
		Sache	**Person**

39 In der Schule. Schreiben Sie Sätze. Achten Sie auf die richtigen Formen.

Nominativ	Verb	Dativ	Akkusativ
1. Der Lehrer	erklären	die Schüler	die Regeln.
2. Die Schülerin	bringen	ihre Freundin	das Buch.
3. Wir	schicken	unser Lehrer	ein Brief.
4. Ich	zeigen	meine Freunde	der Test.
5. Du	anbieten	ein Freund	deine Hilfe.
6. Die Nachbarn	schenken	unsere Kinder	alte Schulsachen.
7. Ihr	holen	die Lehrerin	ihre Kopien.
8. Die Lehrer	geben	die Schulleiterin	die Poster.

1. Der Lehrer erklärt den Schülern die Regeln.

40 Nach der Schule. Antworten Sie auf die Fragen wie im Beispiel. Achten Sie auf die Satzstellung.

1. Hat der Lehrer den Schülern die Hausaufgaben gegeben? *Ja, er hat sie ihnen gegeben* .

2. Hat die Sportlehrerin den Mädchen das Spiel erklärt? _____ .

3. Hat der Schüler seinem Freund das Papier mitgebracht? _____ .

4. Haben deine Freunde dir das Buch gezeigt? _____ .

5. Hast du uns die E-Mail geschickt? _____ .

6. Hat der Lehrer ihnen die Wörter erklärt? _____ .

7. Hat er den Schülern die Geschichte erzählt? _____ .

8. Hat dein Freund dir das Heft geliehen? _____ .

9. Hast du deiner Freundin deine Hilfe angeboten? _____ .

10. Hat sie dir dein Heft geholt? _____ .

Verben mit Präposition

Verben mit Präposition

A2: K1, B1: K4

Sie **interessiert sich für** die Stelle.	sich interessieren für + Akk.
Warten Sie schon lange **auf** eine Antwort?	warten auf + Akk.
Zu einer Bewerbung **gehört** auch ein Foto.	gehören zu + Dat.
Er wollte nicht **mit** mir **über** das Problem **sprechen**.	sprechen mit + Dat. / über + Akk.
Er freut sich **auf** den neuen Job.	freuen auf / über + Akk.
Er denkt **an** seine alten Kollegen.	denken an + Akk.

Weitere Verben: sich ärgern über + Akk., denken an + Akk., sich freuen auf + Akk. / über + Akk., sich kümmern um + Akk., verzichten auf + Akk., sich vorbereiten auf + Akk., warten auf + Akk. ...
suchen nach + Dat., teilnehmen an + Dat. ...

41   **Mein Leben. Was passt zusammen? Ordnen Sie zu.**   **A2:** K1

1. _D_ Ich freue mich schon   A über das schlechte Wetter.

2. _A_ Ich ärgere mich sehr oft   B mit meinen Kollegen.

3. _E_ Manchmal denke ich   C um meine Großeltern.

4. _B_ Im Büro spreche ich viel   D auf meinen nächsten Urlaub.

5. _F_ Ich interessiere mich _um_   E an alte Freunde aus der Schule.

6. _C_ Am Wochenende kümmere ich mich   F für Politik.

42   **In der Uni. Welche Präposition passt? Kreuzen Sie an.**   **B1:** K4

Neu an der Uni? Unsere Tipps helfen!

- Denk nicht zu viel **_1_** Probleme nach, die vielleicht kommen können. Freu dich einfach erst mal **_2_** den neuen Lebensabschnitt.
- Du weißt nicht, wie das Leben an der Uni funktioniert? Unterhalte dich viel **_3_** anderen Studenten. So findest du es am schnellsten heraus.
- Nimm auf jeden Fall **_4_** den Kursen für die neuen Studenten teil! Da bekommst du alle wichtigen Informationen.
- Im Studium kommt es viel **_5_** Disziplin und Motivation an. Aber bei Fragen und Problemen findest du jederzeit Hilfe.

- Entscheide dich schnell **_6_** die Kurse und Seminare, die du besuchen willst. Sonst bekommst du vielleicht keinen Platz und musst ein Semester warten.
- Bereite dich früh genug **_7_** Tests und Prüfungen vor. Vielen Studenten hilft es, mit anderen zusammen zu lernen.
- Du willst nicht stundenlang in der Bibliothek **_8_** Büchern suchen? Dann bestell das nächste Mal alle Bücher rechtzeitig online.
- Komm zu unseren Treffen und rede **_9_** anderen Studenten **_10_** deine Erfahrungen und Fragen.
- → immer Dienstag um 17 Uhr in Raum 206

1	3	5	7	9
a an	a über	(a) auf	a an	(a) mit
b für	(b) mit	b über	(b) auf	b nach
(c) über	c zu	c um	c zu	c zu

2	4	6	8	10
(a) auf	(a) an	a auf	(a) für	a an
b um	b auf	(b) für	b über	b für
c von	c für	c mit	(c) nach	(c) über

W-Fragen mit Präposition

Mit **Präposition** + **Fragewort** fragt man nach Personen.	**Über wen** ärgert sich Markus? Über den Lehrer. **Mit wem** hat er gesprochen? Mit Tom.
Mit *wo(r)* + **Präposition** fragt man nach Dingen und Ereignissen.	**Worüber** ärgert sich Markus? Über die Prüfung. **Worauf** freut er sich? Auf den Ausflug.

Wenn die Präposition mit Vokal beginnt, braucht man ein „r". Beispiel: worüber, worauf, …

43 Ich verstehe dich so schlecht! Lesen Sie die Aussagen und formulieren Sie kurze Fragen wie im Beispiel.

1. ◆ Ich habe mich gestern lange mit Lukas unterhalten.
   ◇ _Mit wem?_

2. ◆ Wir haben über seine Arbeit gesprochen.
   ◇ _Worüber?_

3. ◆ Er ärgert sich oft über seine Kollegen.
   ◇ _Über wen?_

4. ◆ Er hat gesagt, dass er oft über seine Zukunft nachdenkt.
   ◇ _Worüber?_

5. ◆ Lukas will sich nächste Woche mit seinem Chef treffen.
   ◇ _Mit wem?_

6. ◆ Erinnerst du dich eigentlich noch an die Freundin von Lukas?
   ◇ _An wen?_

Pronomen mit Präposition und Pronominaladverbien

Präpositionen + Pronomen stehen für Personen: Der **Chef** ist sehr nett. Man kann **mit ihm** über Probleme sprechen.	Pronominaladverbien (*da(r)* + Präposition) stehen für Dinge/Ereignisse: Viele Institutionen bieten **ein Bewerbungstraining** an. **Daran** kann jeder teilnehmen.

44 E-Mail an einen Freund. Ergänzen Sie die Präposition mit Pronomen oder das Pronominaladverb.

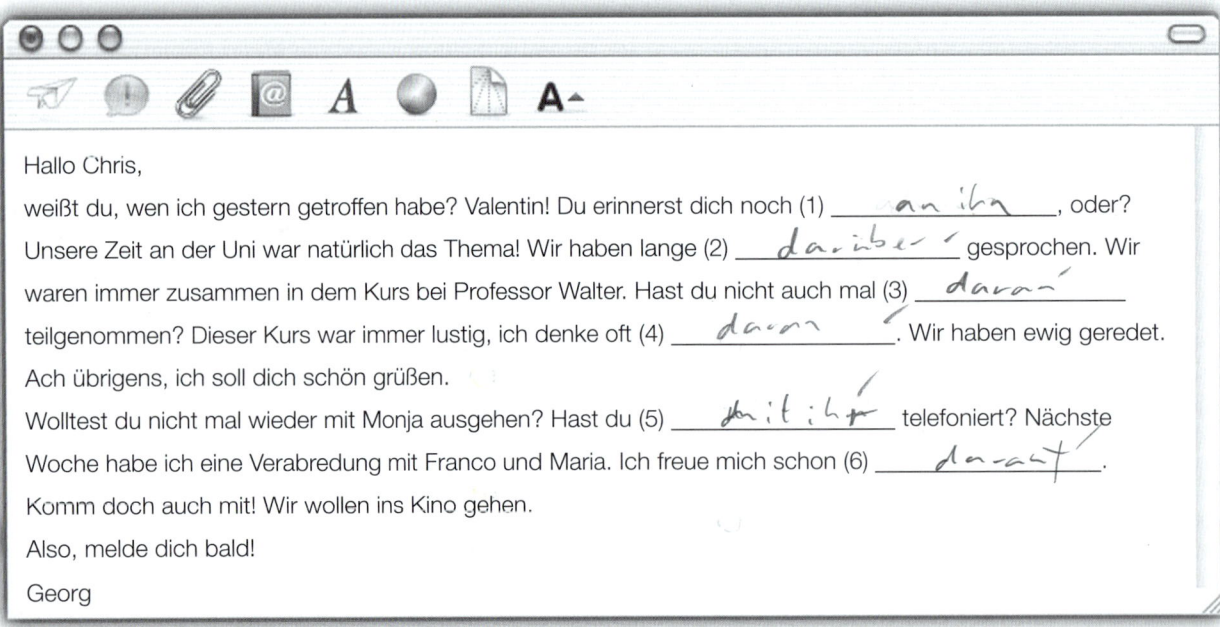

Hallo Chris,

weißt du, wen ich gestern getroffen habe? Valentin! Du erinnerst dich noch (1) _an ihn_, oder?

Unsere Zeit an der Uni war natürlich das Thema! Wir haben lange (2) _darüber_ gesprochen. Wir

waren immer zusammen in dem Kurs bei Professor Walter. Hast du nicht auch mal (3) _daran_

teilgenommen? Dieser Kurs war immer lustig, ich denke oft (4) _daran_. Wir haben ewig geredet.

Ach übrigens, ich soll dich schön grüßen.

Wolltest du nicht mal wieder mit Monja ausgehen? Hast du (5) _mit ihr_ telefoniert? Nächste

Woche habe ich eine Verabredung mit Franco und Maria. Ich freue mich schon (6) _darauf_.

Komm doch auch mit! Wir wollen ins Kino gehen.

Also, melde dich bald!

Georg

Verben mit Präposition und Nebensatz

B1: K4

> Worauf wartet man?
> Man wartet **auf** eine Antwort.
> Man wartet **darauf**, dass die Firma antwortet.

45 Meine Kollegen und ich. Formulieren Sie Sätze wie im Beispiel.

1. ich – sich freuen auf – eine Geschäftsreise nach China machen

   Ich freue mich darauf, eine Geschäftsreise nach China zu machen.

2. Peter– warten auf – ein interessantes Stellenangebot bekommen

   Peter wartet darauf, ein interessantes Stellenangebot zu bekommen

3. Mia – nachdenken über – einen Sprachkurs besuchen

   Mia denkt darüber nach einen Sprachkurs zu besuchen

4. meine Kollegen – sich interessieren für – im Ausland arbeiten

   Meine Kollegen interessiert sich dafür, im Ausland zu arbeiten

5. wir – oft diskutieren über – eine eigene Firma gründen

   Wir diskutieren oft darüber, eine eigene Firma zu gründen

6. ich – sich vorbereiten auf – eine Präsentation halten

   Ich bereite mich darauf vor, eine Präsentation zu halten

Konjunktiv II

Formen

A2: K7, K9, K11

sein und haben

	sein		haben	
	Präteritum	Konj. II	Präteritum	Konj. II
ich	war	w**ä**re	hatte	h**ä**tte
du	warst	w**ä**rst	hattest	h**ä**ttest
er/es/sie	war	w**ä**re	hatte	h**ä**tte
wir	waren	w**ä**ren	hatten	h**ä**tten
ihr	wart	w**ä**rt	hattet	h**ä**ttet
sie/Sie	waren	w**ä**ren	hatten	h**ä**tten

Andere Verben

	würde + Infinitiv
ich	**würde** … essen
du	**würdest** … fahren
er/es/sie	**würde** … schlafen
wir	**würden** … schwimmen
ihr	**würdet** … helfen
sie/Sie	**würden** … lachen

Modalverben

B1: K4

	können	müssen	dürfen	wollen	sollen
ich	k**ö**nnte	m**ü**sste	d**ü**rfte	w**o**llte	s**o**llte
du	k**ö**nntest	m**ü**sstest	d**ü**rftest	w**o**lltest	s**o**lltest
er/es/sie	k**ö**nnte	m**ü**sste	d**ü**rfte	w**o**llte	s**o**llte
wir	k**ö**nnten	m**ü**ssten	d**ü**rften	w**o**llten	s**o**llten
ihr	k**ö**nntet	m**ü**sstet	d**ü**rftet	w**o**lltet	s**o**lltet
sie/Sie	k**ö**nnten	m**ü**ssten	d**ü**rften	w**o**llten	s**o**llten

Verwendung

> Höfliche Bitte: **Könntet** ihr mir (bitte) helfen? • **Würden** Sie bitte das Fenster **aufmachen**?
> Wunsch: Ich **hätte gern** mehr Zeit. • Er **würde gern** ins Kino **gehen**.
> Ratschlag: Ich **würde** mit meinem Chef **sprechen**. • Du **solltest** unbedingt Pausen machen.

46 **So viele Wünsche. Was ist richtig? Streichen Sie die falschen Formen durch.**

1. Warum ist das Wetter nicht besser? Ich ~~hätte~~/~~wäre~~/würde in der Mittagspause so gern spazieren gehen.

2. Ich habe so Hunger. Ich hätte/wäre/würde jetzt gern ein leckeres Sandwich.

3. Es ist so ruhig hier. Ich hätte/wäre/würde wirklich gern ein bisschen Musik hören.

4. Was macht Klara wohl gerade? Ich hätte/wäre/würde jetzt so gern bei ihr.

5. Ich bin so müde. Ich hätte/wäre/würde jetzt wirklich gern ein bisschen schlafen.

6. Dieses Büro ist einfach viel zu klein. Ich hätte/wäre/würde so gern ein größeres Büro.

7. Heute kann ich erst um 19 Uhr gehen. Ich hätte/wäre/würde lieber schon früher zu Hause.

8. Oh nein, da kommt Frau Müller. Ich hätte/wäre/würde wirklich gern eine nettere Chefin.

9. Jeden Tag im Büro sitzen … Ich hätte/wäre/würde viel lieber um die Welt reisen.

10. Am Wochenende muss ich auch wieder arbeiten. Ich hätte/wäre/würde wirklich gern mehr Zeit.

47 **Tagträume. Ergänzen Sie die Verben im Konjunktiv II.**

1. Ich _____ jetzt so gern an einem Strand in der Sonne. Ich _____ einfach den Tag genießen.

2. Nach dem Stress in der Arbeit _____ Anton gern eine Woche Urlaub. Dann _____ er mit seiner Frau wegfahren und sie _____ zusammen seine Eltern besuchen.

3. Gabrielas Kinder _____ gern ein Pferd. Dann _____ sie jeden Tag reiten.

4. ◆ Was _____ ihr gern? Vielleicht ein neues Auto?

   ◇ Ja, wir _____ gern ein großes, neues Auto. Dann _____ wir mit Freunden tolle Ausflüge machen.

48 **Sagen Sie es höflicher. Formulieren Sie Bitten mit „könnten".**

1. Gib mir den Bleistift!   _Könntest du mir bitte den Bleistift geben?_ _____

2. Kannst du mir helfen?   _____

3. Machen Sie das Fenster auf!   _____

4. Unterschreiben Sie hier!   _____

5. Kannst du mir Geld leihen?   _____

49 Gute Ratschläge. Ergänzen Sie und ordnen Sie zu.

A *Mein Zahn tut so weh!*

B *Ach, ich schlafe so schlecht.*

C *Meine Frau und ich sind oft müde und haben wenig Energie.*

D *Mein Freund hat Probleme mit seinem Rücken.*

E *Findest du nicht auch, dass wir zu wenig Sport machen?*

F *Ich habe starke Kopfschmerzen.*

> würde ... trinken • könnten • ~~solltest~~ • sollte • solltet • würde ... nehmen

1. __C__ Ihr __solltet_____ weniger arbeiten und euch mehr ausruhen.
2. _____ Du _____ sofort beim Zahnarzt anrufen und einen Termin vereinbaren.
3. _____ Er _____ regelmäßig Gymnastik machen.
4. _____ An deiner Stelle _____ ich eine Tablette _____.
5. _____ An deiner Stelle _____ ich abends eine heiße Milch mit Honig _____.
6. _____ Wir _____ uns in dem Sportverein um die Ecke anmelden.

50 Gespräche unter Kollegen. Ergänzen Sie die Modalverben *können, müssen, dürfen* und *sollen* im Konjunktiv II.

1. ◆ Warum ist Franco in der Arbeit? Er _____ mit seiner Erkältung wirklich lieber zu Hause bleiben.

   ◇ Du hast recht. So steckt er uns nur alle an.

2. ◆ Kommst du eigentlich zu der Schulung heute Nachmittag?

   ◇ Ich würde kommen, wenn ich nicht die Unterlagen von den Patienten vorbereiten _____. Ich habe leider nur noch heute Nachmittag Zeit.

3. ◆ _____ du mir bitte bei diesem Bericht helfen?

   ◇ Ja, klar. Kein Problem.

4. ◆ Frau Müller würde gern zu der Veranstaltung nach Berlin fliegen, wenn sie _____. Aber bis jetzt hat der Chef seine Zustimmung noch nicht gegeben.

   ◇ Das hat sie mir heute Morgen auch schon erzählt.

Irreale Bedingungssätze

B1: K4

> Ich **könnte** besser **arbeiten**,   **wenn** ich einen neuen Computer **hätte**.
> **Wenn** Boris nicht so gestresst **wäre**,   **wäre** die Pause lustiger.
> **Wenn** Herr Jeschke nicht so lange **arbeiten müsste**,   **würde** er gern **mitkommen**.

51 Alles wäre besser, wenn ... Schreiben Sie wenn-Sätze.

1. Ich hätte mehr Zeit, wenn _ich nicht so viel arbeiten müsste._____ .
   (ich / nicht müssen / so viel arbeiten)

2. Wenn _____ , könnte sie mehr erledigen.
   (meine Kollegin / nicht so viel / reden)

3. Im Büro wäre es viel entspannter, wenn _____ .
   (mein Chef / sein / nett)

4. Wenn _____ , würden wir alle schneller arbeiten.
   (die Firma / kaufen / neue Computer)

5. Ich würde mich viel wohler fühlen, wenn _____ .
   (ich / haben / ein eigenes Büro)

6. Wenn _____ , könnte ich abends öfter ausgehen.
   (ich / müssen / machen /keine Überstunden)

7. Die Stimmung im Büro wäre sicher besser, wenn _____ .
   (nicht alle Kollegen / sein / immer gestresst)

8. Wenn _____ , wäre ich wirklich froh.
   (ich / können / bald in Urlaub fahren)

Passiv

Bildung   B1: K10

Präsens: *werden* + Partizip II	Die Feuerwehr **wird alarmiert**.
Präteritum: *wurde* + Partizip II	Die Feuerwehr **wurde alarmiert**.
Perfekt: *sein* + Partizip II + **worden**	Die Feuerwehr **ist alarmiert worden**.

Verwendung   B1: K10

Aktiv → **Wer** tut etwas?	**Die Firmen** spenden **Lebensmittel**.
	Akkusativ
Passiv → **Was** passiert?	**Lebensmittel** werden gespendet.
	Nominativ

Wenn man weiß, wer etwas tut, kann man den Akteur im Passivsatz mit *von* + Dativ nennen: Lebensmittel werden **von Firmen** gespendet.

52 Das Stadtfest. Welche Sätze stehen im Aktiv? Welche im Passiv? Kreuzen Sie an.

	Aktiv	Passiv
1. Das Stadtfest wird nächsten Samstag eröffnet.	☐	☑
2. Es wird sicherlich ein großer Erfolg für die Stadt.	☑	☐
3. Viele Menschen werden dieses Fest besuchen.	☑	☐
4. 500 000 Besucher werden offiziell erwartet.	☐	☑
5. Das Fest wurde lange geplant und vorbereitet.	☐	☑
6. Am Wochenende werden bekannte Musiker auftreten.	☑	☐
7. Einige berühmte Personen sind eingeladen worden.	☐	☑
8. Die Stadt hofft, dass alle kommen werden.	☑	☐
9. Das Fest wird sicherlich nächstes Jahr wiederholt.	☐	☑

53 In der Stadt. Ergänzen Sie die Verben im Passiv mit der angegebenen Tempusform.

1. Die Altstadt _wird_ im Sommer von vielen Touristen _besichtigt_.
(besichtigen – Präsens)

2. Die kaputten Straßen _wurde_ in den letzten Jahren _repariert_.
(reparieren – Präteritum)

3. Letztes Jahr _sind_ neue Wohnungen _gebaut worden_.
(bauen – Perfekt)

4. Das moderne Einkaufszentrum _ist_ vor zwei Jahren _geeröffnet worden_.
(eröffnen – Perfekt)

5. In den Kinos _wird_ die neuesten Filme _gezogen_.
(zeigen – Präsens)

6. Für den neuen Park _wurde_ viel Geld _ausgegeben_.
(ausgeben – Präteritum)

7. Das Jugendzentrum _ist_ mit Spenden _finanziert worden_.
(finanzieren – Perfekt)

8. Jedes Jahr _wird_ von der Stadt ein großes Sportfest _organisiert_.
(organisieren – Präsens)

Passiv mit Modalverb

B1: K10

| Modalverb + Partizip II + *werden* im Infinitiv | Die Lampe | **muss** | **repariert** | **werden.** |
| | Das Problem | **kann** | **gelöst** | **werden.** |

54 So ein Chaos in der Wohngemeinschaft. Was muss oder kann hier getan werden? Schreiben Sie Sätze im Passiv mit Modalverb.

1. Die Küche ist ganz schmutzig! (müssen – putzen – einmal pro Woche)

   Die Küche muss einmal pro Woche geputzt werden.

2. Warum liegen hier überall Zeitungen? (können – wegwerfen)

   Die Zeitungen können weggeworfen werden

3. Im ganzen Wohnzimmer ist Chaos. (müssen – aufräumen)

   Das Wohnzimmer muss aufgeräumt werden ✓

4. Warum liegen die Bücher auf dem Tisch? (können – immer sofort – ins Regal stellen)

   Die Bücher können immer sofort ins Regal gestellt word

5. Die Blumen brauchen Wasser! (müssen – gießen – jeden Tag)

   Die Blumen müssen jeden Tag gegossen werden

6. Im Badezimmer liegt die Wäsche auf dem Boden. (müssen – waschen – jetzt)

   Die Wäsche müssen jetzt gewaschen werden

Verben im Satz: Satzklammer

Modalverben

A1: K5, K11

Ich	muss	jeden Abend bis 19.00 Uhr	arbeiten.
Am Samstag	kann	ich zu Hause	bleiben.
Mit Fieber	dürfen	Sie nicht	arbeiten.
	Position 2		**Satzende**

55 **Mein Wochenende. Schreiben Sie die Sätze. Beginnen Sie die Sätze mit dem unterstrichenen Satzteil.**

1. wollen / fahren / ich / nach Stuttgart / am Wochenende / .

   Am Wochenende will ich nach Stuttgart fahren.

2. mitkommen / meine Frau / können / nicht / .

   _____

3. muss / sie / arbeiten / das ganze Wochenende / .

   _____

4. am Samstag / wollen / besuchen / alte Freunde / ich / .

   _____

5. besichtigen / will / ich / am Sonntag / die Stadt / .

   _____

6. ins Schwimmbad / wollen / meine Freunde / gehen / mit mir / .

   _____

7. ihre Kinder / nicht schwimmen / dürfen / allein / .

   _____

8. am Sonntagabend / müssen / ich / nehmen / den Zug zurück nach Hause / .

   _____

Trennbare Verben

A1: K6

Aussagesatz	Mara	holt	ihre Kinder	ab.	ab holen
W-Frage	Wen	lädt	Ben	ein?	ein laden
		Position 2		**Satzende**	

Ja-/Nein-Frage	Holt	Mara	ihre Kinder	ab?	ab holen
	Rufst	du	mich morgen	an?	an rufen
Imperativ	Ruf	mich	morgen	an!	an rufen
	Position 1			**Satzende**	

Weitere trennbare Verben:
an|fangen, an|rufen, auf|hören, ein|sammeln, mit|bringen, mit|kommen, ...

56 Am Montag. Welche Sätze sind richtig? Welche falsch? Kreuzen Sie an und korrigieren Sie die falschen Sätze.

	richtig	falsch
1. Ich hole dich ab morgen um 8.30 Uhr mit dem Auto.	☐	☒
2. Unser Sprachkurs fängt immer um 9 Uhr an.	☐	☐
3. Rufst du an jetzt noch Paula?	☐	☐
4. Dann nehmen wir sie mit auch.	☐	☐
5. Ich bringe dir das Buch zum Kurs mit.	☐	☐
6. Die Lehrerin sammelt ein heute die Hausaufgaben.	☐	☐
7. Der Unterricht hört normalerweise pünktlich um 13 Uhr auf.	☐	☐
8. Nach dem Kurs kaufe ein ich im Supermarkt.	☐	☐
9. Kommst du auch mit?	☐	☐
10. Am Abend räume ich auf meine Wohnung.	☐	☐
11. Danach sehe ich noch ein bisschen fern.	☐	☐
12. Um zehn Uhr schlafe ich ein meistens.	☐	☐

1. Ich hole dich morgen um 8.30 Uhr mit dem Auto ab.

Modalverben und trennbare Verben

A1: K6

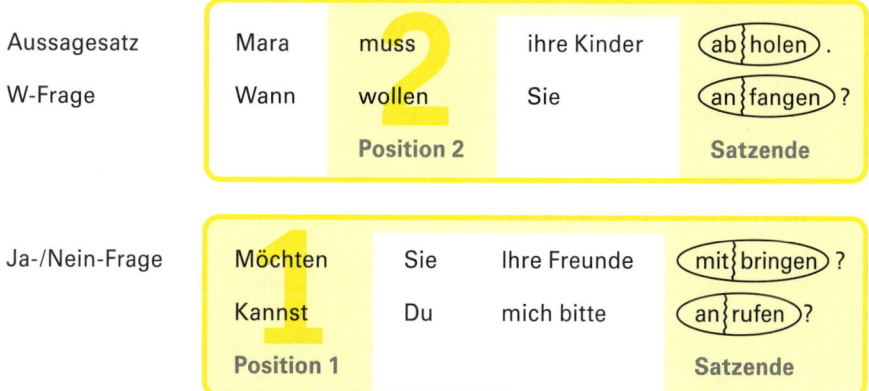

57 Viele Aufgaben. Antworten Sie wie im Beispiel.

1. Rufst du sie später an? → *Ja, ich kann sie später anrufen.*

2. Bringst du einen Kuchen mit? → _____

3. Fängst du schon mit dem Kochen an? → _____

4. Holst du mich von der Arbeit ab? → _____

5. Räumst du heute die Küche auf? → _____

6. Gehst du bitte noch einkaufen? → _____

7. Kaufst du ein Geschenk für Mama? → _____

8. Reservierst du einen Tisch? → _____

Perfekt

A1: K9, K10

		Position 2		Satzende
Aussagesatz	Daniel	ist	zur Uni	gefahren.
W-Frage	Wann	hat	die Uni	angefangen?

	Position 1			Satzende
Ja-/Nein-Frage	Hat	Daniel	seine Freunde	gesehen?
	Ist	er	mit dem Bus	gefahren?

58 Natalies Ferienjob. Schreiben Sie im Perfekt.

Natalie arbeitet für drei Wochen in einem Café. Sie fängt um acht Uhr mit ihrer neuen Arbeit an. Die Arbeit macht ihr Spaß. Zuerst trinkt sie einen Kaffee und wartet auf die Gäste. Mittags kommen viele Touristen und bestellen Essen und Getränke. Am Nachmittag macht sie eine kleine Pause und isst ein Stück Kuchen. Am Abend rechnet sie ab und geht nach Hause. Sie bleibt oft zu Hause und sieht allein fern. Manchmal trifft sie Freunde oder geht ins Kino.

Natalie hat für drei Wochen in einem Café gearbeitet.

59 Beim Sport. Ergänzen Sie die Verben in der passenden Form. Die Verben stehen in der richtigen Reihenfolge.

> (1) sein wollen • (2) anfangen • (3) trainieren können • (4) finden (Perfekt) • (5) anmelden können
> (6) helfen • (7) besuchen können • (8) anmelden • (9) fragen (Perfekt) • (10) mitmachen wollen
> (11) machen • (12) genießen können

Machen Sie Sport!

(1) _Wollen_ Sie gesund und fit _sein_?

(2) Dann _____ Sie mit Sport

_____. – (3) Sie _____ einmal

oder mehrmals in der Woche _____.

(4) _____ Sie noch keinen passenden Sport

für sich _____? (5) Dann _____

Sie sich in einem Fitnessstudio _____.

(6) Dort _____ Ihnen ein Trainer und Sie

(7) _____ auch verschiedene Stunden

_____. (8) _____ Sie sich einfach _____! (9) _____

Sie schon andere _____? (10) Vielleicht _____ ja auch Freunde von Ihnen

oder Ihre Familie _____. (11) Zusammen _____ Sport mehr Spaß. Dann

(12) _____ Sie die gemeinsame Freizeit _____.

Plural

Pluralformen

Endungen	Singular	Plural
--	der Mitarbeiter	die Mitarbeiter
mit Umlaut	der Apfel	die **Ä**pfel
-(e)n	die Stunde	die Stund**en**
	der Mensch	die Mensch**en**
-e	der Tag	die Tag**e**
mit Umlaut	der Arzt	die **Ä**rzt**e**
-er	das Bild	die Bild**er**
mit Umlaut	das Buch	die B**ü**ch**er**
-s	das Auto	die Auto**s**

Artikel

maskulin	**der** Fußball
neutrum	**das** Hobby
feminin	**die** Stadt
Plural	**die** Fußbälle/Hobbys/Städte

60 **Finden Sie die Paare und ordnen Sie sie in eine Tabelle.**

> der Mann • das Sofa • ~~der Laden~~ • die Stifte • die Tische • der Stuhl • die Jacken • die Restaurants
> die Bücher • die Frauen • die Jacke • das Foto • die Tests • das Buch • die Kollegen • die Sofas
> das Restaurant • die Männer • die Tasche • der Tisch • das Kind • der Kugelschreiber • ~~die Läden~~
> die Stühle • die Kugelschreiber • der Kollege • die Fotos • der Test • die Taschen • die Frau
> die Kinder • das Fenster • die Fenster • der Stift

-(")	-(e)n	-(")e	-(")er	-s
der Laden – die Läden				

Genitiv

Name + -s

der Beruf von Lina → Lina**s** Beruf
der Arbeitstag von Tom → Tom**s** Arbeitstag

Ausnahmen
der Tag von Klau<u>s</u> → Klaus' Tag
die E-Mail von Ma<u>x</u> → Max' E-Mail
die Nummer von Morit<u>z</u> → Moritz' Nummer

61 **Antworten Sie wie im Beispiel.**

1. ◆ Weißt du, wo das Büro von Liz ist?

   ◇ Ja, _Liz' Büro_____ ist gleich hier links.

2. ◆ Ist das hier der Laptop von Greta?

   ◇ Nein, das ist nicht _____.

3. ◆ Ich mag die Chefin von Alex nicht.

   ◇ Warum? _____ ist doch nett.

4. ◆ Wo ist denn Elias? Das sind seine Bücher hier, oder?

   ◇ Ja, ich glaube, das sind _____.

5. ◆ Gehören Franziska diese Stifte oder dir?

   ◇ Nein, mir gehören sie nicht. Das sind _____.

6. ◆ Und wie ist die neue Stelle von Tim?

   ◇ Ich weiß es nicht. Aber Max sagt, _____ ist sehr interessant.

Formen   **B1:** K2

maskulin	des	eines	keines	meines	Kühlschrank**s**
neutrum	des	eines	keines	meines	Haus**es**
feminin	der	einer	keiner	meiner	Wohnung
Plural	der		keiner	meiner	Informationen

Mehrsilbige maskuline und neutrale Substantive: meistens Endung *-s* → das Zimmer – des Zimmer**s**
Einsilbige maskuline und neutrale Substantive: oft mit Endung *-es* → der Raum – des Raum**es**
Substantive auf *-s*, *-ß*, *-(t)z*, *-sch*, *-st*: oft mit Endung *-es* → der Fuß – des Fuß**es**, der Tisch – des Tisch**es**
Feminine Substantive: keine Endung → die Küche – der Küche, die Frau – der Frau

62 **Das neue Haus. Ergänzen Sie Artikel und Nomen im Genitiv.**

Hallo Miriam,

tut mir leid, dass ich mich so lange nicht gemeldet habe, aber wir sind umgezogen und ich hatte wenig Zeit.

Wir wohnen jetzt am Stadtrand. Die Lage (1) __*des Hauses*__ (das Haus) ist super und wir haben endlich

mehr Platz. Uns gefällt die Aufteilung (2) _____ (die Räume) besonders gut. Das Haus ist nicht

neu und wir mussten auch viel renovieren. Aber das macht ja auch Spaß. Und bei der Renovierung

(3) _____ (die Kinderzimmer) haben die Kinder mitgeholfen. Die Farbe (4) _____

(die Wände) durften Maja und Felix selber aussuchen. Das Streichen (5) _____ (die Zimmer)

war dann etwas chaotisch, aber erfolgreich ☺. Und die Größe (6) _____ (der Garten) ist einfach

perfekt. Die Kinder können spielen und mir macht die Pflege (7) _____ (die Blumen) Spaß.

Super ist auch, dass hier so viele Familien wohnen. Maja und Felix haben sich sofort mit den Kindern

(8) _____ (unsere Nachbarn) angefreundet. Und das Haus (9) _____

(meine Schwester) ist auch gleich um die Ecke. Das ist echt praktisch.

Komm uns doch mal besuchen. Ich würde mich sehr freuen.

Liebe Grüße

Anja

n-Deklination   **B1:** K5

Manche maskuline Substantive haben im Singular außer im Nominativ immer die Endung: *-(e)n*.

Nominativ:	der Nachbar	Mein **Nachbar** heißt Mike Hofmeister.
Akkusativ:	den Nachbar**n**	Dieser Brief ist für meinen **Nachbarn**.
Dativ:	dem Nachbar**n**	Hast du dem **Nachbarn** schon den Brief gegeben?
Genitiv:	des Nachbar**n**	Ich habe den Schlüssel der Frau des **Nachbarn** gegeben.

Das betrifft:
- maskuline Substantive mit der Endung *-e*: der Kollege, der Name, der Junge, der Löwe, der Kunde, der Experte, ...
- viele Bezeichnungen für Personen, Berufe und Tiere: der Bär, der Bauer, der Herr, der Nachbar, der Mensch, ...
- Internationalismen auf *-graf*, *-ant*, *-ent*, *-ist*, *-at* und *-oge*: der Fotograf, der Praktikant, der Student, der Journalist, der Automat, der Pädagoge, ...

63 Gespräch unter Kollegen. Welche Form ist richtig? Kreuzen Sie an.

◆ Sag mal, kennst du den neuen (1) ☐ Kollege ☑ Kollegen schon?

◇ Ja, ich habe kurz mit ihm gesprochen. Wie heißt er noch mal? Ich kann mich jetzt gerade nicht an seinen

(2) ☐ Name ☑ Namen erinnern.

◆ Er heißt (3) ☑ Herr ☐ Herrn Wildmeier. Ich finde ihn ganz nett, er erinnert mich irgendwie an den

(4) ☐ Praktikant ☑ Praktikanten vom letzten Jahr.

◇ Stimmt, den (5) ☑ Gedanke ☑ Gedanken hatte ich auch schon. Er sieht auch so jung aus, eher wie

ein (6) ☑ Student ☐ Studenten. Mir fällt gerade ein: Hast du eigentlich mit dem (7) ☐ Lieferant

☑ Lieferanten gesprochen?

◆ Ich habe da zehnmal angerufen, aber kein (8) ☑ Mensch ☐ Menschen ist ans Telefon gegangen.

◇ Echt? Das ist ja komisch. Und habt ihr das Problem mit dem Computer gelöst?

◆ Noch nicht. Ich denke, wir müssen da einen (9) ☐ Experte ☑ Experten holen.

◇ Du, ich muss los. Ich habe gleich einen wichtigen Termin mit einem (10) ☐ Kunde ☑ Kunden und vorher

muss ich noch diesen (11) ☐ Journalist ☑ Journalisten von der Abendzeitung zurückrufen.

◆ Okay, bis später. Ich brauche erst mal einen Kaffee. Hoffentlich funktioniert (12) ☑ der Automat

☐ Automaten wieder. Also, ciao.

Adjektive als Substantive

Im Nominativ

B1: K11

maskulin Singular feminin Singular Plural	**der O**bdachlose ~~Mann~~ **die A**ngestellte ~~Bäckerin~~ **die O**bdachlosen	**ein O**bdachloser ~~Mann~~ **eine A**ngestellte ~~Bäckerin~~ ■ **O**bdachlose

Adjektive als Substantive haben die gleiche Endung wie gewöhnliche Adjektive. Oft gebrauchte Adjektive als Substantive sind: der/die Angehörige, der/die Angestellte, der/die Arbeitslose, der/die Bekannte, der/die Deutsche, der/die Erwachsene, der/die Jugendliche, der/die Kranke, der/die Tote, der/die Verwandte

64 Kurze Meldungen. Ergänzen Sie die Substantive in der richtigen Form.

> der/die Arbeitslose • der/die Verletzte • der/die Angestellte • der/die Jugendliche • der/die Verwandte

A Interkulturelles Fest im Bürgerzentrum!
Wann: 13.05.
Beginn: 14 Uhr
Ende: 23 Uhr
Bringt eure Nachbarn, Freunde und

_____ mit!

B Insolvenz bei Kielmann

Die Firma Kielmann schließt zum Ende des Jahres. 800 Menschen verlieren so ihre Arbeit.

„Ich habe Angst vor dem Leben als

_____", sagt ein

_____, der 25 Jahre für die Firma gearbeitet hat.

C Schwerer Unfall auf der A8

Auf der A8 gab es gestern um 18.15 Uhr einen schweren Unfall, bei dem mehrere Menschen verletzt wurden.

Die _____ wurden in die

Uniklinik Ulm geflogen. Unter ihnen ist auch ein 14-jähriger Junge. Der

_____ wurde gestern sofort operiert.

Unbestimmter und bestimmter Artikel: Verwendung

	unbestimmter Artikel ein, ein, eine	bestimmter Artikel der, das, die
maskulin	Das ist **ein** Bahnhof.	Das ist **der** Bahnhof von Hamburg.
neutrum	Das ist **ein** Hotel.	**Das** Hotel heißt „Anna".
feminin	Das ist **eine** Straße.	**Die** Straße heißt „Müllerstraße".
Plural	Das sind ▇ Schiffe.	**Die** Schiffe sind im Hafen.
	neu / nicht bekannt	bekannt

65 Ein schönes Hotel. Ergänzen Sie den unbestimmten oder den bestimmten Artikel.

Willkommen im *Hotel am See* im Zentrum!

(1) _Das_ Hotel am See ist (2) _____ kleines Hotel im Stadtzentrum.

(3) _____ Bahnhof ist nur 500 m entfernt. Bus Nummer 16 fährt Sie direkt zum Bahnhof. (4) _____ Rathaus ist 50 m entfernt, (5) _____ Kirche „St. Anna" ist auch direkt neben Ihrem Hotel. Wir haben 30 Zimmer. (6) _____ Zimmer haben alle (7) _____ Bad. Im Zimmer sind auch (8) _____ Fernseher und (9) _____ Telefon.

Bestimmter Artikel: Nominativ, Akkusativ und Dativ

	Nominativ	Akkusativ	Dativ
maskulin	Hier ist **der** Brief.	Ich suche **den** Brief.	Ich spreche mit **dem** Chef.
neutrum	Hier ist **das** Telefon.	Ich suche **das** Telefon.	Ich spreche mit **dem** Kind.
feminin	Hier ist **die** Tasche.	Ich suche **die** Tasche.	Ich spreche mit **der** Kollegin.
Plural	Hier sind **die** Briefe.	Ich suche **die** Briefe.	Ich spreche mit **den** Mitarbeiter**n**.

66 Marios Geburtstag. Kreuzen Sie den richtigen Artikel an.

1. Elena kauft für ☐ das ☐ dem ☐ den Abendessen ☐ dem ☐ den ☐ der leckeren Käse aus Frankreich.
2. Sie geht in ☐ der ☐ dem ☐ den Supermarkt bei ☐ den ☐ der ☐ die Kirche.
3. Mario ist noch in ☐ der ☐ den ☐ die Arbeit und spricht mit ☐ dem ☐ den ☐ der Chef.
4. Nach ☐ das ☐ dem ☐ den Gespräch fährt er mit ☐ das ☐ dem ☐ der Fahrrad nach Hause.
5. Sie feiern ☐ dem ☐ den ☐ der Geburtstag von Mario mit ☐ dem ☐ den ☐ die Eltern von Elena.
6. ☐ Den ☐ Der ☐ Die Eltern bringen ☐ das ☐ den ☐ der Geburtstagskuchen mit.

Bestimmter, unbestimmter Artikel, Negationsartikel: Nominativ, Akkusativ, Dativ

A1: K2, K3, K4, K7

	Nominativ	Akkusativ	Dativ
maskulin	der/ein/kein Brief	den/einen/keinen Brief	dem/einem/keinem Chef
neutrum	das/ein/kein Telefon	das/ein/kein Telefon	dem/einem/keinem Kind
feminin	die/eine/keine Tasche	die/eine/keine Tasche	der/einer/keiner Tasche
Plural	die/ ▨ /keine Briefe	die/ ▨ /keine Briefe	den/ ▨ /keinen Mitarbeitern

67 Das Sommerfest. Schreiben Sie die Sätze.

1. Die Chefin / geschickt haben / die Mitarbeiter / die Einladung / zu / ein Sommerfest

   Die Chefin hat den Mitarbeitern die Einladung zu einem Sommerfest geschickt.

2. Die Firma / gefeiert haben / in / die letzten drei Jahre / keine Sommerfeste

   _____

3. Das Sommerfest / sein / in / ein Restaurant / an / ein Fluss

   _____

4. In / der Fluss / können / alle / vor / das Essen / schwimmen

   _____

5. Die Firma / eingeladen haben / auch / die Familien / von / die Mitarbeiter

   _____

6. Aber / man / dürfen / keine Hunde / in / das Restaurant / mitbringen

   _____

7. Ein Mitarbeiter / bekommen haben / leider / keine Einladung

   _____

8. Die Chefin / sprechen / mit / der Mitarbeiter / und / schicken / der Brief / noch einmal

   _____

9. In / die Nacht / auftreten / ein Sänger / aus / die Schweiz / mit / seine Band

   _____

Possessivartikel

Nominativ

A1: K5, K7

	maskulin	neutrum	feminin	Plural
ich	**mein** Sohn	**mein** Kind	**meine** Tochter	**meine** Eltern
du	**dein** Sohn	**dein** Kind	**deine** Tochter	**deine** Eltern
er	**sein** Sohn	**sein** Kind	**seine** Tochter	**seine** Eltern
es	**sein** Onkel	**sein** Buch	**seine** Tante	**seine** Eltern
sie	**ihr** Sohn	**ihr** Kind	**ihre** Tochter	**ihre** Eltern
wir	**unser** Sohn	**unser** Kind	**unsere** Tochter	**unsere** Eltern
ihr	**euer** Sohn	**euer** Kind	**eure** Tochter	**eure** Eltern
sie	**ihr** Sohn	**ihr** Kind	**ihre** Tochter	**ihre** Eltern
Sie	**Ihr** Sohn	**Ihr** Kind	**Ihre** Tochter	**Ihre** Eltern

Nominativ, Akkusativ, Dativ

A2: K1

	Nominativ		Akkusativ		Dativ	
maskulin	ein/kein	mein Kurs	einen/keinen	meinen Kurs	einem/keinem	meinem Kurs
neutrum	ein/kein	dein Profil	ein/kein	dein Profil	einem/keinem	deinem Profil
feminin	eine/keine	seine Sprache	eine/keine	seine Sprache	einer/keiner	seiner Sprache
Plural	▓/keine	ihre Bücher	▓/keine	ihre Bücher	▓/keinen	ihren Büchern

68 **Im Kleiderschrank. Was passt zusammen?**

> dein T-Shirt • eure Pullover • Ihr Anzug • ihre Schuhe
> ihre Schuhe • ~~meine Jacke~~ • seine Hose • seine Hose • unsere Tücher

1. ich – _meine Jacke_

2. du – _____

3. er – _____

4. es – _____

5. sie – _____

6. wir – _____

7. ihr – _____

8. sie – _____

9. Sie – _____

69 **Meine Kollegen und ich. Ergänzen Sie den Possessivartikel in der richtigen Form.**

In (1) _____ (mein) Büro ist immer viel los. (2) _____ (mein) Kollegen kommen spät. Sie müssen (3) _____ (ihr) Kinder noch in die Schule bringen. (4) _____ (unser) Chef kommt mit (5) _____ (sein) Auto in die Firma. (6) _____ (sein) Büro ist groß und auf (7) _____ (sein) Schreibtisch sind viele Dokumente. Wir haben auch eine Küche.

In (8) _____ (unser) Küche treffen wir uns und trinken Kaffee. (9) _____ (unser) Gespräche in der Küche sind wichtig für mich, weil ich (10) _____ (mein) Kollegen sehr mag. Manchmal kommt auch (11) _____ (unser) Chef kurz. Er holt sich (12) _____ (sein) Kaffee und geht wieder. Manchmal sagt er: „(13) _____ (euer) Pause ist auch gleich vorbei. (14) _____ (euer) Kunden warten schon auf (15) _____ (euer) Anrufe." Aber er lächelt nett und wir reden noch kurz weiter. Dann gehen wir alle wieder in (16) _____ (unser) Büros.

70 **Kleider machen Leute. Ergänzen Sie den passenden Possessivartikel in der richtigen Form.**

1. Mara sieht in _____ neuen Jacke super aus. _____ Mann Lukas hat die Jacke

   nicht so gut gefallen. Aber Mara denkt, dass der modische Geschmack von _____ Mann nicht

   toll ist.

2. ◆ Kannst du mir _____ Schuhe leihen, Leo?

   ◇ Warum brauchst du _____ Schuhe?

   ◆ Weil _____ Schuhe besser zu _____ neuen Hose passen.

3. Nils hat in _____ Kleiderschrank nur schwarze Hosen. _____ T-Shirts sind alle

   weiß. In _____ Sachen sieht Nils immer gleich aus.

4. Wir haben _____ alten Wintersachen _____ Verwandten geschenkt.

Interrogativartikel und Demonstrativartikel

Interrogativartikel

Welcher? Welches? Welche?

	Nominativ	Akkusativ
maskulin	Welch**er** Rock?	Welch**en** Rock?
neutrum	Welch**es** Kleid?	Welch**es** Kleid?
feminin	Welch**e** Hose?	Welch**e** Hose?
Plural	Welch**e** Schuhe?	Welch**e** Schuhe?

Demonstrativartikel   **A1:** K10

dieser, dieses, diese

Nominativ	Akkusativ
dies**er** Rock	dies**en** Rock
dies**es** Kleid	dies**es** Kleid
dies**e** Hose	dies**e** Hose
dies**e** Schuhe	dies**e** Schuhe

71 **Auf der Party. Was ist richtig? Kreuzen Sie an.**

◆ Na, (1) ☐ welche ☐ welchen ☐ welcher Kuchen
   schmeckt dir besser?

◇ Der Kuchen hier schmeckt mir gut. (2) ☐ Diese ☐ Diesen
   ☐ Dieser Kuchen ist auch lecker.

◆ Das freut mich. (3) ☐ Diese ☐ Diesen ☐ Dieser Kuchen
   habe ich gebacken. Was hast du denn mitgebracht?

◇ Ich habe einen Salat mitgebracht.

◆ (4) ☐ Welche ☐ Welchen ☐ Welcher Salat ist von dir?

◇ (5) ☐ Diese ☐ Diesen ☐ Diesen Salat hier vorn habe
   ich gemacht. Es ist mein Lieblingssalat.

◆ Dann probiere ich gleich mal.

◇ Lukas hat tolle Geschenke bekommen, oder?
   (6) ☐ Welche ☐ Welchen ☐ Welches Geschenk ist
   von dir?

◆ Ich habe ihm einen Krimi geschenkt, aber er kennt
   (7) ☐ diese ☐ dieser ☐ dieses Buch schon. Jetzt muss ich es umtauschen. Und du?

◇ Ich habe ihm Blumen geschenkt.

◆ (8) ☐ Welche ☐ Welchen ☐ Welches Blumen denn, der schöne Strauß vor dem Fenster?

◇ Genau, (9) ☐ diese ☐ diesen ☐ dieser Strauß ist von mir!

Interrogativartikel: *Was für ein(e) / Welcher/-es/-e ?)*

> **Was für ein(e) ...?**
> Frage nach Neuem / nicht Bekanntem:
> ◆ Auf **was für ein** Konzert gehst du?
> ◇ Auf **ein** Rockkonzert.
>
> **Welcher/-es/-e ...?**
> Frage nach Bekanntem:
> ◆ Auf **welches** Rockkonzert gehst du?
> ◇ Auf **das** von Rammstein.

72 **Verschiedene Sachen. Ergänzen Sie *was für ein/e* oder *welcher/-es/-e*.**

1. ◆ Schau mal, die Jacke gefällt mir gut.

   ◇ _____Welche_____ Jacke meinst du? Die rote hier?

   ◆ Genau. Aber ich weiß nicht, ob sie warm genug ist.

   ◇ _____ Jacke brauchst du denn?

   ◆ Eine richtige Winterjacke.

2. ◆ Ich suche ein Geschenk für meinen Vater.

   ◇ _____ Geschenk suchst du? Eine CD oder ein Buch?

   ◆ Vielleicht ein Buch, aber ich habe ihm schon letztes Jahr ein Buch geschenkt.

   ◇ _____ Buch war das, ein Krimi?

   ◆ Nein, ein Buch über Geschichte.

3. ◆ _____ Foto gefällt Ihnen besser? Das rechte oder das linke?

   ◇ Ich glaube, das rechte Foto passt besser für meine Bewerbung.

4. ◆ Ich hätte gern ein Stück Kuchen.

   ◇ _____ Kuchen möchten Sie – mit Obst oder mit Schokolade?

   ◆ Lieber einen Schokokuchen.

5. ◆ Ich kann mich nicht entscheiden. _____ Pizza soll ich nehmen? Die mit Salami

   oder die mit Schinken?

   ◇ Das weiß ich auch nicht, aber ich möchte jetzt bestellen.

6. ◆ Ich habe mir eine neue Hose gekauft.

   ◇ Echt? _____ Hose hast du denn gekauft?

   ◆ Eine Sommerhose.

7. ◆ Oh, die Schuhe sehen ja gut aus.

   ◇ _____ meinst du? Die schwarzen oder die braunen?

   ◆ Nein, die weißen.

8. ◆ Mit _____ Straßenbahn fahren wir in die Stadt? Mit der Linie 3 oder der Linie 5?

   ◇ Ach, komm, wir gehen zu Fuß.

Adjektiv mit *sein*, mit *sehr/zu*

Adjektiv mit *sein*

> Die Wohnung **ist klein.**
> Die Wohnung **ist nicht groß.**

Adjektiv + *sehr/zu*

> Die Wohnung **ist (nicht) <u>sehr</u> teuer.**
> Die Wohnung **ist (nicht) <u>zu</u> teuer.**

A1: K8

73 **Irinas Wohnung. Schreiben Sie Sätze.**

1. sein / die Küche / in Irinas Wohnung / groß / sehr

   Die Küche in Irinas Wohnung ist sehr groß.

2. sein / das Schlafzimmer / das Wohnzimmer / und / klein

   _____

3. sein / ihr Bett / für das Schlafzimmer / groß / zu

   _____

4. sein / der Schrank im Wohnzimmer / alt / sehr

   _____

5. sein / die Bilder an den Wänden / schön

   _____

Adjektive nach dem Artikel

Nach dem bestimmten Artikel

A2: K4

	maskulin	neutrum	feminin	Plural
Nominativ	der neu**e** Mantel	das toll**e** Hemd	die alt**e** Bluse	die klein**en** Schuhe
Akkusativ	den neu**en** Mantel	das toll**e** Hemd	die alt**e** Bluse	die klein**en** Schuhe
Dativ	dem neu**en** Mantel	dem toll**en** Hemd	der alt**en** Bluse	den klein**en** Schuhen
Genitiv	des neu**en** Mantels	des toll**en** Hemd**es**	der alt**en** Bluse	der klein**en** Schuhen

74 **Wie gefällt dir die blaue Jacke? Kreuzen Sie die richtige Form an.**

◆ Komm, wir gehen in das (1) ☐ neue ☐ neuen Geschäft hier.

◇ Gute Idee. Da gibt es die (2) ☐ beste ☐ besten Angebote im Moment.

◆ Die (3) ☐ alte ☐ alten Jacke von dir ist nicht mehr so schön.

◇ Na ja. Mal schauen, was es hier gibt.

◆ Wie gefällt dir die (4) ☐ blaue ☐ blauen Jacke hier? Probier sie doch mal an.

◇ O.k. Also, in der (5) ☐ blaue ☐ blauen Jacke sehe ich irgendwie komisch aus. Was hältst du denn von dem (6) ☐ schwarze ☐ schwarzen Mantel?

◆ Schön. Der (7) ☐ schwarze ☐ schwarzen Mantel passt auch super zu dem (8) ☐ grüne ☐ grünen Schal. Er steht dir perfekt.

◇ Möchtest du ein neues Kleid für die (9) ☐ große ☐ großen Hochzeitsfeier?

◆ Nein, eigentlich nicht. Ich will den (10) ☐ grüne ☐ grünen Rock und die (11) ☐ weiße ☐ weißen Bluse anziehen. Die Sachen sind noch ganz neu.

◇ Alles klar. Dann suchen wir doch mal die (12) ☐ nächste ☐ nächsten Kasse, da kann ich den Mantel bezahlen.

Nach dem unbestimmten Artikel

	maskulin	neutrum	feminin	Plural
Nominativ	de**r**	da**s**	di**e**	di**e**
	ein neu**er** Mantel	ein toll**es** Hemd	ein**e** alte Bluse	klein**e** Schuhe
Akkusativ	de**n**	da**s**	di**e**	di**e**
	ein**en** neu**en** Mantel	ein toll**es** Hemd	ein**e** alte Bluse	klein**e** Schuhe
Dativ	de**m**	de**m**	de**r**	de**n**
	ein**em** neu**en** Mantel	ein**em** toll**en** Hemd	ein**er** alt**en** Bluse	klein**en** Schuhen
Genitiv	de**s**	de**s**	de**r**	de**n**
	ein**es** neu**en** Mantels	ein**es** toll**en** Hemd**es**	ein**er** alt**en** Bluse	klein**en** Schuhen

kein/keine und *mein, dein, ...:*
Im Singular wie nach dem **unbestimmten** Artikel: Das ist ein/kein/sein schön**es** Restaurant.
Im Plural wie nach dem **bestimmten** Artikel: Das sind die/keine/unsere günstig**en** Preise.

75 **Modetipps. Ergänzen Sie das Adjektiv.**

Im Büro

Was trägt man an einem (1) ___*heißen*___ (heiß) Sommertag im Büro am besten? Für Männer gibt es

eine (2) _____ (fest) Regel: (3) _____ (kurz) Hosen sind verboten! Ziehen Sie lieber

eine (4) _____ (dünn) Sommerhose und ein (5) _____ (weit) Hemd an – da machen

Sie nichts falsch. Frauen können mit einem (6) _____ (kurz) Rock kommen, aber natürlich

sollte die Länge stimmen. Ein (7) _____ (schön) T-Shirt oder eine (8) _____ (hübsch)

Bluse passt sicher dazu. Und was trägt man nach einem (9) _____ (lang) Arbeitstag, wenn man

mit den Kollegen noch weggeht? Auch hier gilt: lieber mit etwas (10) _____ (länger) und

(11) _____ (bequem) Sachen kommen – schließlich wollen Sie sich wohl fühlen.

76 **Die neue Wohnung. Ergänzen Sie wie im Beispiel.**

In (1) ___*unserer neuen*___ (unser / neu) Wohnung gibt es (2) _____ (kein / alt)

Möbel. Meine Freunde haben mir (3) _____ (ein / groß) Tisch geschenkt.

(4) _____ (der / groß) Tisch kommt in die Küche, denn in (5) _____

(das / klein) Wohnzimmer hat er (6) _____ (kein) Platz. Mein Freund möchte

(7) _____ (sein / weiß) Schrank in (8) _____ (der / lang)

Flur stellen, aber das gefällt mir nicht. Der Schrank passt besser in (9) _____

(das / gemütlich) Schlafzimmer. Für (10) _____ (der / hell) Flur kaufen wir noch

(11) _____ (- / schön) Bilder. Wenn die Wohnung fertig ist, laden wir

(12) _____ (unser / gut) Freunde ein und feiern (13) _____

(eine / cool) Party. Für (14) _____ (meine / hilfsbereit) Familie kochen wir

(15) _____ (ein / lecker) Abendessen.

77 Ein Kulturwochenende mit Freunden. Lesen Sie die Mail und ergänzen Sie die Endungen.

Hallo David,

ich wollte dir von mein_____ toll_____ Wochenende

in Salzburg erzählen. Ich habe mein_____ alt_____

Studienfreunde besucht, die dort seit einigen Jahren in

ein_____ wunderschön_____ Wohnung in d___ Altstadt

wohnen. Sie waren d___ ganz_____ Wochenende mit

mir unterwegs und haben mir touristisch_____ und auch

unbekannt_____ Orte in d___ Stadt gezeigt.

In d___ eng_____ Getreidegasse war es mir zu voll,

dort sind viele Touristen aus d___ ganz_____ Welt. Dort ist auch d___ bekannt_____ Mozarthaus. Im Mozart-

haus gibt es ein_____ interessant_____ Museum mit alt_____ Möbeln und ander_____ Dingen. Das hat mir

gut gefallen, aber am schönsten fand ich d___ mittelalterlich_____ Burg über d___ Stadt. Man hat dort ein_____

großartig_____ Blick und man kann d___ Burgräume besichtigen. Am Samstagabend haben wir in ein_____

österreichisch_____ Restaurant gegessen. Ich habe ein_____ lecker_____ Salat gegessen und natürlich auch

d___ berühmt_____ Sachertorte probiert. Am Sonntag waren wir noch in ein_____ groß_____ Park und haben

d___ warm_____ Frühlingssonne genossen – das war toll!

Wann hast du Zeit für ein___ gemeinsam___ Ausflug? Ich würde gern nach Regensburg fahren!

Ruf mich an oder schreib mir

Dara

Adjektivdeklination ohne Artikel

B1: K9

	maskulin	neutrum	feminin	Plural
Nominativ	der Spaß	das Stück	die Gruppe	die Haare
	groß**er** Spaß	neu**es** Stück	nett**e** Gruppe	lang**e** Haare
Akkusativ	den Spaß	das Stück	die Gruppe	die Haare
	groß**en** Spaß	neu**es** Stück	nett**e** Gruppe	lang**e** Haare
Dativ	dem Spaß	dem Stück	der Gruppe	den Haaren
	groß**em** Spaß	neu**em** Stück	nett**er** Gruppe	lang**en** Haaren
Genitiv	des Spaß**es**	des Stück**s**	der Gruppe	der Haare
	groß**en** Spaß**es**	neu**en** Stück**s**	nett**er** Gruppe	lang**er** Haare

Adjektive ohne Artikel haben die gleiche Endung wie der bestimmte Artikel:
de**r** groß**e** Spaß → groß**er** Spaß; da**s** neu**e** Stück → neu**es** Stück

Ausnahme! Genitiv Singular maskulin und neutrum:
wegen de**s** schlechten Wetter**s** → wegen schlecht**en** Wetter**s**, trotz de**s** langen Warten**s** → trotz lang**en** Warten**s**
Den Genitiv ohne Artikelwort verwendet man fast nur in Verbindung mit *wegen* oder *trotz*.

78 Helfer gesucht. Lesen Sie die Anzeigen und ergänzen Sie die Adjektive.

1 Bist du ein Mensch mit ___großem___ Spaß an _____ Tätigkeit in einem kleinen Büro? Dann ruf uns an!
(selbstständig, ~~groß~~)

2 _____ Team sucht _____ Mitarbeiterin, die uns bei Technikfragen unterstützt.
(nett, erfahren)

3 UMZUGSFIRMA „FLOTT" sucht _____ Mann mit _____ Lieferauto für Transport und Aufbau
(eigen, stark)

4 WIR BRAUCHEN _____ PERSONEN, DIE KURZFRISTIG BEIM KARTENVERKAUF IM _____ THEATER HELFEN.
(klein, spontan)

5 Für _____ Modegeschäft im Zentrum suchen wir _____ Verkäuferin mit Erfahrung.
(freundlich, elegant)

6 Restaurant „Zentrum" sucht _____ Kellnerin für _____ Arbeitszeiten, auch abends.
(schnell, flexibel)

Partizip als Adjektiv

B1: K12

> **Partizip II**
>
> der aus**ge**zahl**te** Betrag = der Betrag, der ausgezahlt wurde
> ein **ge**kauf**tes** Produkt = ein Produkt, das gekauft wurde
> die berechne**ten** Gebühren = die Gebühren, die berechnet wurden
>
> **Partizip I → Infinitiv + d**
>
> sinken**de** Löhne = Löhne, die sinken
> der wachsen**de** Weltmarkt = der Weltmarkt, der wächst
> eine beunruhigen**de** Situation = eine Situation, die beunruhigt

Partizipien werden wie Adjektive dekliniert:

Sie können das gekauf**te** Produkt innerhalb von zwei Wochen umtauschen.

Wegen der steigend**en** Preise haben viele Leute Probleme.

79 Schon erledigt? Ergänzen Sie das Partizip II in der richtigen Form.

1. ◆ Warum ist das Geld, das ich heute Morgen überwiesen habe, noch nicht auf dem Konto?

   ◇ Das ___überwiesene___ Geld ist frühestens einen Tag später auf dem Konto.

2. ◆ Haben Sie die Produkte schon bestellt?

   ◇ Ja, natürlich, die _____ Produkte sind auch schon geliefert.

3. ◆ Sind alle Rechnungen schon bezahlt?

   ◇ Noch nicht alle. Die _____ Rechnungen liegen dort, die anderen bezahle ich heute.

4. ◆ Wo ist die Ware, die gestern geliefert wurde?

   ◇ Die _____ Ware ist schon längst im Lager.

5. ◆ Haben Sie schon das neue Bestellformular ausgefüllt?

   ◇ Ja, Frau Kollmann, das _____ Formular habe ich Ihnen schon gemailt.

80 **Von wem sind die Blumen? Kreuzen Sie an – welche Form ist richtig?**

◆ Siehst du da drüben den (1) ☐ lächelnden ☐ gelächelten Mann?

◇ Welchen meinst du? Den Mann neben den (2) ☐ spielenden ☐ gespielten Kindern?

◆ Ja, genau. Er hat mir gestern (3) ☐ bestellende ☐ bestellte Blumen gebracht.

◇ Ach, und wer hat die bestellt? Dein dich (4) ☐ liebender ☐ geliebter Mann?

◆ Wenn ich das wüsste? Bei den (5) ☐ liefernden ☐ gelieferten Blumen war keine Karte dabei. Und meinen Mann konnte ich noch nicht fragen, der ist gerade unterwegs.

◇ Sie sind bestimmt von ihm. Er wollte dir sicher nur eine Freude machen, weil du in letzter Zeit mehr als er vom (6) ☐ nervenden ☐ genervten Haushalt übernommen hast!

Vergleiche

Komparativ und Superlativ, Vergleiche

A2: K3

Komparativ und Superlativ

	Komparativ	Superlativ
billig	billiger	am billigsten
groß	größer	am größten
teuer	teurer	am teuersten
gut	besser	am besten
gern	lieber	am liebsten
viel	mehr	am meisten

Vergleiche

Mein Smartphone ist für mich **wichtiger als** mein Laptop.

Mein Fernseher ist für mich (**genau**) **so wichtig wie** mein Computer.

Mein Handy ist **nicht so wichtig wie** mein Laptop.

81 *Schön, schöner, am schönsten.* **Ergänzen Sie die fehlenden Formen.**

1. _____ – älter – _____
2. _____ – _____ – am meisten
3. teuer – _____ – _____
4. _____ – schöner – _____
5. _____ – _____ – am größten
6. gern – _____ – _____
7. _____ – kürzer – _____
8. _____ – _____ – am höchsten
9. gut – _____ – _____
10. _____ – schneller – _____

82 **Vergleiche. Schreiben Sie Sätze.**

1. Leon: wichtig sein für – Bücher ❯ Zeitungen

   Für Leon sind Bücher wichtiger als Zeitungen.

2. Aishe: praktisch finden – das Tablet ❯ der Computer

3. teuer sein – das Tablet ＝ das Smartphone

4. Karim: oft sehen – Serien ❯ Filme

5. nicht alt sein – das Smartphone ❮ das Handy

Komparativ und Superlativ vor Substantiven

> Das Hotel am Markt ist **besser**.
> Es ist das **bessere** Hotel.
> Das Hotel am Bahnhof ist **am besten**.
> Es ist das **beste** Hotel.
>
> **keine Endung:** mehr/weniger
> Baden verbraucht **mehr** Energie als Duschen.
> Wenn man direkt bucht, zahlt man **weniger** Geld.

Komparative und Superlative, die vor Substantiven stehen, haben die gleichen Endungen wie Adjektive in der Grundform.

83 **Im Urlaub. Ergänzen Sie die Adjektive im Komparativ (K) oder Superlativ (S).**

1. Ich verbringe meinen Urlaub _____ (gern, S) mit Freunden.

2. Meistens fahren wir an die Nordsee. Da gibt es die _____ (lang, S) Strände.

3. Das Wetter am Meer ist oft _____ (gut, K) als in den Bergen.

4. _____ (billig, S) ist natürlich die Übernachtung auf dem Campingplatz.

5. _____ (bequem, K) ist aber ein Bett in einer kleinen Pension.

6. Wir suchen immer eine nette Pension in einem der _____ (klein, K) Orte.

7. Dort findet man _____ (preiswert, K) Übernachtungsmöglichkeiten als in den

   großen Touristenorten.

8. Die _____ (viel, S) Zeit sind wir am Strand und schwimmen viel.

9. Wenn der Wind _____ (stark, K) wird, surfen wir.

84 **Urlaub in Rothenburg. Ergänzen Sie die Adjektive im Komparativ oder Superlativ. Achten Sie auf die richtige Form.**

Urlaub in der vielleicht (1) _schönsten_ (schön) Stadt Deutschlands

Besuchen Sie das historische Zentrum von Rothenburg – einen (2) _____ (gut) Ort für

einen Ausflug können Sie kaum finden. In anderen Städten gibt es vielleicht (3) _____

(groß) Kirchen oder (4) _____ (wichtig) Museen, aber Sie werden begeistert sein von

dem (5) _____ (toll) Ausblick auf die ganze Gegend. Auf den kleinen Plätzen und in den noch

(6) _____ (klein) Straßen können Sie spazieren gehen und das Leben genießen.

Im Sommer können Sie auf einem der (7) _____ (lang) Wanderwege Bayerns bis nach Schnelldorf wandern.

Im Dezember findet hier der fast (8) _____ (alt) und (9) _____ (schön) Weihnachtsmarkt Deutschlands

statt. Wir bieten verschiedene Hotels im Zentrum an. Rufen Sie uns an, wir beraten Sie gern.

Personalpronomen: Nominativ, Akkusativ, Dativ

A1: K1, K4, K6, K10

	Singular					Plural			
Nominativ	ich	du	er	es	sie	wir	ihr	sie	Sie
Akkusativ	mich	dich	ihn	es	sie	uns	euch	sie	Sie
Dativ	mir	dir	ihm	ihm	ihr	uns	euch	ihnen	Ihnen

Nominativ: Das ist **er**.   Akkusativ: Der Salat ist für **ihn**.   Dativ: Ich spreche mit **ihm**.

Das ist Frau Lang. Sie kommt aus Deutschland. Sie spricht Deutsch, Spanisch und Englisch.
Das ist Jan. Er kommt aus Frankfurt. Er wohnt in Zürich.

85 In der Uni. Ergänzen Sie die Pronomen.

1. ◆ Frau Schmidtke ist die neue Professorin für Medizin. _____ ist wirklich nett. Ich habe gestern

   mit _____ über mein Praktikum im Krankenhaus gesprochen.

   ◇ Echt? Ich habe _____ noch nicht kennengelernt.

2. ◆ Fabio kann heute nicht kommen. _____ ist krank und liegt im Bett. Ich rufe _____

   später an und dann bringe ich _____ die Bücher zum Lernen.

   ◇ Oh, das ist nett von _____.

3. ◆ Hey Mira, gehst _____ am Samstag auch zu dem Uni-Fest?

   ◇ Ich weiß noch nicht. Kommen Luca und Tina auch?

   ◆ Nein, _____ fahren am Wochenende zu ihren Eltern.

4. ◆ Hallo Florian, hallo Pia, habt _____ Jakob gesehen?

   ◇ Ja, _____ ist in der Bibliothek und lernt.

5. ◆ Guten Morgen, Herr Professor Roditzky. Kann ich kurz mit _____ reden?

   ◇ Tut mir leid, _____ habe jetzt keine Zeit. Kommen Sie heute Nachmittag um 14.30 Uhr zu

   _____ ins Büro.

86 Beim Shopping. Akkusativ oder Dativ? Kreuzen Sie an.

1. ◆ Schau mal, das Kleid ist toll. Das gefällt (1) ☐ mich ☐ mir total.

   ◇ Probier es doch mal an. Es steht (2) ☐ dich ☐ dir bestimmt gut.

   ◆ Okay, Moment. ... Es passt (3) ☐ mich ☐ mir leider nicht.

   ◇ Warte, da hinten ist eine Verkäuferin. Ich frage (4) ☐ sie ☐ ihr schnell. Vielleicht gibt es

   das Kleid ja noch in einer anderen Größe.

2. ◆ Marco hat morgen Geburtstag. Ich muss noch ein Geschenk für (5) ☐ ihn ☐ ihm kaufen.

   ◇ Was willst du (6) ☐ ihn ☐ ihm denn schenken? Hast du schon eine Idee?

   ◆ Er hat (7) ☐ mich ☐ mir von einem Buch erzählt. Aber ich kann (8) ☐ es ☐ ihm hier nicht finden.

3. ◆ Kann ich (9) ☐ Sie ☐ Ihnen helfen?

   ◇ Ja, diesen Mantel finde ich toll. Haben Sie (10) ☐ ihn ☐ ihm auch in Schwarz?

   ◆ Nein, tut mir leid, nur in Braun.

6 Pronomen

man

A1: K12

> *man* + Verb in der 3. Person Singular
> **Man kann** hier sehr viel machen.   In der Schweiz **sagt man** auch *Tram*.

87 **In der Stadt. Schreiben Sie Sätze mit *man* und beginnen Sie mit dem unterstrichenen Teil.**

1. *Man kann viele interessante Museen besichtigen.*

   viele interessante Museen / können / besichtigen / <u>man</u>

2. _____

   <u>im Sommer</u> / im Park / spazieren gehen / können / man

3. _____

   <u>mit der U-Bahn</u> / schnell / von A nach B / kommen / man

4. _____

   finden / viele schöne Geschäfte / <u>in der Innenstadt</u> / man

5. _____

   in internationalen Restaurants / essen / können / <u>man</u>

man, jemand, niemand und *alles, etwas, nichts*

A2: K10

> ***Man*, *jemand*** und ***niemand*** stehen für **Personen**. Man verwendet sie immer im **Singular**.
> Man kann mit Kreditkarte bezahlen. Jemand tanzt. Hier ist niemand.
>
> ***Alles*, *etwas*, *nichts*** stehen für **Sachen**. Man verwendet sie immer im **Singular**.
> Haben wir alles? Siehst du etwas? Hier ist nichts.

Endungen bei *niemand* und *jemand*
Ich habe niemand(en)/jemand(en) gesehen. Ich habe die Karten niemand(em)/jemand(em) gegeben.
→ Mit oder ohne Endung: Beides ist richtig.

88 **Im Café. Ergänzen Sie das passende Indefinitpronomen.**

1. Komm, wir gehen in das Café hier. Ich habe so Hunger, ich muss
   jetzt _*etwas*_ essen.

2. Oh, das ist aber voll hier, kein freier Tisch. Ah, da hinten geht
   _____. Komm, schnell.

3. Hier ist die Speisekarte. Sandwich, Pizza, Nudeln – Das klingt
   _____ lecker. Ich glaube, ich nehme ein Sandwich mit
   Schinken. Und du?

4. Ich habe heute Mittag im Büro _____ gegessen. Ich
   glaube, ich esse jetzt _____, ich trinke nur eine Cola.

5. Ich würde jetzt gern bestellen. Aber es kommt ja _____. Wo ist denn der Kellner?

6. Kann _____ hier auch mit Karte bezahlen? Ich habe kein Geld mehr.

Artikelwörter als Pronomen

Artikelwörter als Pronomen

B1: K11

der Stadttyp	Bin ich ein Stadttyp? → Nein, du bist **keiner**.
das Haus	Ist das **dein** Haus? → Ja, das ist **mein(e)s**.
die Stadt	Was für eine Stadt ist das? → Das ist **eine**, in der …
die Autos	Auf dem Land gibt es wenig Autos. → In der Stadt sind überall **welche**.

Artikelwörter als Pronomen haben die gleiche Endung wie bestimmte Artikel.

Formen

B1: K11

	maskulin	neutrum	feminin	Plural
Nom.	Da ist **ein** Hund.	Da ist **ein** Haus.	Da ist **eine** Katze.	Da sind **keine** Autos.
	Da ist **einer**/ **keiner**/**meiner**.	Da ist **ein(e)s**/ **kein(e)s**/**mein(e)s**.	Da ist **eine**/ **keine**/**meine**.	Da sind **welche**/ **keine**/**meine**.
Akk.	Ich sehe **einen** Hund.	Ich sehe **ein** Haus.	Ich sehe **eine** Katze.	Ich sehe **keine** Autos.
	Ich sehe **einen**/ **keinen**/**meinen**.	Ich sehe **ein(e)s**/ **kein(e)s**/**mein(e)s**.	Ich sehe **eine**/ **keine**/**meine**.	Ich sehe **welche**/ **keine**/**meine**.
Dat.	Ich komme mit **einem** Hund.	Ich komme mit **einem** Auto.	Ich komme mit **meiner** Katze.	Wir kommen mit **unseren** Autos.
	Ich komme mit **einem**/**keinem**/ **meinem**.	Ich komme mit **einem**/**keinem**/ **meinem**.	Ich komme mit **einer**/**keiner**/ **meiner**.	Wir kommen mit **welchen**/**keinen**/ **unser(e)n**.

Die Formen der Artikelwörter als Pronomen sind wie bei den Artikelwörtern *ein/kein/mein*. Ausnahmen sind: der Nominativ maskulin und neutrum, der Akkusativ neutrum, der Plural.

89 **Neu in der Stadt. Was ist richtig? Kreuzen Sie an.**

1. ◆ Entschuldigung. Ich suche ein Sportgeschäft.
   ◇ Hier gibt es ☐ keinen ☐ keins ☐ keine. Da müssen Sie ins Zentrum fahren.

2. ◆ Gibt es hier irgendwo eine U-Bahn-Station?
   ◇ Ja klar, gleich hier um die Ecke ist ☐ einer ☐ eins ☐ eine.

3. ◆ Wo finde ich einen Buchladen?
   ◇ In der Herzogstraße ist ☐ einer ☐ eins ☐ eine.

4. ◆ Wo kann man hier ein Picknick machen?
   ◇ Am besten im Park. Hier in der Nähe gibt es ☐ einen ☐ eins ☐ eine.

5. ◆ Gehen wir morgen zusammen ins Kino?
   ◇ Ja, gern. Aber wo ist denn ☐ einer ☐ eins ☐ eine ?

6. ◆ Hier kann man ja super mit dem Fahrrad fahren. Leider habe ich noch ☐ keinen ☐ keins ☐ keine.
   ◇ Nimm doch so lange ☐ meinen ☐ meins ☐ meine, bis du ☐ einen ☐ eins ☐ eine gekauft hast.

7. ◆ Ich brauche noch ein paar Möbel. Kennst du ein gutes Möbelgeschäft?
   ◇ Ja, am Kaiserplatz ist ☐ einer ☐ eins ☐ eine. Da habe ich auch mein Sofa gekauft.

8. ◆ Verzeihung, ich suche eine Bäckerei.
   ◇ Gleich hier vorne rechts ist ☐ einer ☐ eins ☐ eine.

90 **Im Kaufhaus. Was passt wo? Ergänzen Sie.**

> kein • keine • welche • einen • keins • eine • keinen • welche • einer • eine

1. Wo ist denn hier ein Verkäufer? Ah, da ist ja _____.

2. Ich suche Bücher auf Englisch. Haben Sie _____ oder muss ich in eine Buchhandlung gehen?

3. Ich finde keine Kasse. Können Sie mir sagen, wo _____ ist?

4. Haben Sie Winterpullover? – Nur noch wenige, da im Regal liegen noch _____.

5. Entschuldigung, ich suche einen schwarzen Mantel, aber ich sehe hier _____.

6. Mein Sohn sucht dieses T-Shirt in Weiß in Größe S. – Tut mir leid, wir haben _____ mehr in Weiß, nur noch eins in Rot.

7. Haben Sie auch Handys? – Nein, tut mir leid, wir haben _____. Da müssen Sie in einen Elektromarkt gehen.

8. Ich suche den Aufzug. Sie haben doch _____, oder? – Ja, natürlich, gleich hier um die Ecke.

9. Entschuldigung, ich brauche Sportschuhe und ich sehe hier _____. – Da müssen Sie in die Sportabteilung gehen, im 4. Stock.

10. Meine Tochter möchte diese Jacke in Größe S. Haben Sie da noch _____? – Moment, ich schaue mal.

91 **Wem gehört das? Ergänzen Sie die Pronomen.**

1. ◆ Wessen Tasche ist das? Ist das _deine_, Eva?

   ◇ Ja, das ist _____.

2. ◆ Gehört diese Jacke Felix?

   ◇ Nein, das ist nicht _____. Frag doch mal Eva. Ich glaube, das ist _____.

3. ◆ Paul, räum doch mal bitte deine Sachen hier weg.

   ◇ Das sind nicht _____. Die gehören Felix.

4. ◆ Wem gehört dieses Buch? Vielleicht Murat?

   ◇ Ja, das ist _____. Und die ganzen Papiere dort gehören ihm auch.

5. ◆ Schau mal, dieser Pulli hier, ist das _____, Felix?

   ◇ Nein, mir gehört der nicht.

6. ◆ Felix und Eva, wem gehören diese Stifte hier? Sind das _____?

   ◇ Ja, das sind _____. Wir haben sie schon die ganze Zeit gesucht.

7. ◆ Und wessen Handy ist das hier? Ist das _____, Eva?

   ◇ Ja, das ist _____. Wo war das denn?

8. ◆ Das ist doch der Rucksack von Murat, oder?

   ◇ Nein, das ist nicht _____. Aber wem gehört der dann?

9. ◆ Hey, lass den Kalender da liegen. Das ist _____.

   ◇ Oh, Entschuldigung.

10. ◆ Wo ist denn Murat überhaupt? Diese Schlüssel hier, das sind doch _____, oder?

Mit Akkusativ

für, ohne **A1:** K6, **A2:** K5

> **Für** wen ist das Wasser? – Das Wasser ist **für den** Hund / **für ihn**.
> Ich gehe **ohne den** Hund / **ohne ihn** ins Restaurant.

92 Die Party. Ergänzen Sie die Sätze.

1. Ich komme _ohne meinen Mann_____ (ohne / mein Mann) zu deiner Party.

2. Dieses Geschenk ist _____ (für / du).

3. _____ (ohne / ihr) ist die Party langweilig.

4. _____ (für / der Salat) braucht man ein Kilo Kartoffeln.

5. Wir können _____ (ohne / der Computer) keine Musik machen.

Mit Dativ

aus, bei, mit, nach, seit, von, zu **A1:** K7, **A2:** K7

der Termin	Sie hat	**nach dem** Termin Zeit.
das Zimmer	Sie kommt	**aus dem** Zimmer.
das Büro	Er fährt	**vom** Büro nach Hause.
die Firma	Er arbeitet	**bei einer** Firma.
die Freundin	Ich fahre heute	**zu einer** Freundin.
die Kollegen	Ich spreche	**mit den** Kollegen.
das Jahr	Er arbeitet	**seit einem Jahr** bei der Firma.

Kurzformen

zu dem	→	zum
zu der	→	zur
bei dem	→	beim
von dem	→	vom

93 Im Büro. Welche Präposition passt? Kreuzen Sie an.

1. Frau Esposito, Sie sollen bitte ☐ zum ☐ beim ☐ nach Chef kommen.
2. Ich habe gleich einen Termin ☐ von ☐ seit ☐ mit einem Kunden.
3. ☐ Nach ☐ Zu ☐ Von der Besprechung rufe ich Herrn Holzmann gleich an.
4. Haben Sie die Mail ☐ aus ☐ von ☐ bei Herrn Friese nicht bekommen?
5. Herr Friese? Ist das der Kollege ☐ bei ☐ aus ☐ zu der Marketingabteilung?
6. Ich habe gehört, Ihr Mann arbeitet jetzt ☐ mit ☐ von ☐ bei BMW. Ist das richtig?
7. ☐ Seit ☐ Bei ☐ Mit einer Woche arbeite ich an der Präsentation.

Lokale Präpositionen

Wechselpräpositionen: mit Akkusativ und Dativ **A1:** K8

Wohin oder *Wo?*: Präposition *in*

Wohin? *in* + Akkusativ ⮌
Wohin stellen wir die Stühle?

der Flur	→	**In den** Flur.
das Bad	→	in das → **Ins** Bad.
die Küche	→	**In die** Küche.

Wohin kommen die Bücher?

die Regale	→	**In die** Regale.

Wo? *in* + Dativ ⊙
Wo steht/ist der Schrank?

der Flur	→	in dem →	**Im** Flur.
das Bad	→	in dem →	**Im** Bad.
die Küche	→		**In der** Küche.

Wo sind die Gäste?

die Zimmer	→	**In den** Zimmer**n**.

Kurzformen

in das	→	in**s**
in dem	→	i**m**
an dem	→	a**m**

94 **Der Umzug. Wo oder wohin? Ergänzen Sie die Präposition „in" und den Artikel.**

1. Den Schrank stellen wir _____ Schlafzimmer.

2. Der Fernseher kommt _____ Wohnzimmer.

3. Warum sind die Stühle _____ Bad?

4. Der Tisch steht jetzt _____ Küche.

5. Die Bücher sind noch _____ Auto.

6. Ihr müsst die Regale _____ Flur stellen.

7. _____ Flur stehen viele Kisten.

8. Die Lampe kommt _____ Arbeitszimmer.

in, an, auf, neben, zwischen, über, unter, vor, hinter

A2: K2

Wohin? ⊃ Präposition + Akkusativ		**Wo? ⊙ Präposition + Dativ**	
Wohin hast du meine Tasse gestellt?		**Wo** ist die Tasse?	
der Schrank	→ **In den** Schrank.	der Schrank	→ **Im** Schrank.
das Regal	→ **Auf das** Regal.	das Regal	→ **Auf dem** Regal.
die Tür	→ **Neben die** Tür.	die Tür	→ **Neben der** Tür.
die Zeitungen	→ **Auf die** Zeitungen.	die Zeitungen	→ **Auf den** Zeitungen.

Positionsverben mit Wechselpräpositionen

Wohin?	**Wo?**
stellen: Ich stelle die Tasse **in den** Schrank.	**stehen**: Die Tasse steht **im** Schrank.
legen: Ich habe das Buch **auf den** Tisch gelegt.	**liegen**: Das Buch liegt **auf dem** Tisch.
hängen: Ich habe das Bild **an die** Wand gehängt.	**hängen**: Das Bild hängt **an der** Wand.

95 **Bei der Arbeit. Was ist richtig? Kreuzen Sie an.**

1. ◆ Sie wollten mir noch den Brief von der Firma Kühne zeigen.
   ◇ Ich habe den Brief …
   a auf Ihren Schreibtisch gelegt.
   b auf Ihrem Schreibtisch gelegt.

2. ◆ Wo treffen wir uns mit den Kollegen?
   ◇ Wir treffen uns …
   a vor das Zimmer von Frau Meier.
   b vor dem Zimmer von Frau Meier.

3. ◆ Warum ist die Chefin noch nicht da?
   ◇ Sie hat einen Termin …
   a in die Stadt.
   b in der Stadt.

4. ◆ Weißt du, wo mein Handy ist?
   ◇ Das liegt …
   a neben deinen Computer.
   b neben deinem Computer.

5. ◆ Oh, schon ein Uhr. Zeit für die Mittagspause.
   ◇ Ja, komm. Wir gehen …
   a in die Kantine.
   b in der Kantine.

6. ◆ Wer hat denn diese Tasse direkt …
   a auf den Brief gestellt?
   b auf dem Brief gestellt?

7. ◆ Kann ich nachher bei dir mitfahren?
   ◇ Tut mir leid. Ich fahre heute nach der Arbeit
   a ins Zentrum.
   b im Zentrum.

8. ◆ Herr Wolkner, hängen Sie bitte diesen Plan …
   a an die Wand.
   b an der Wand.

9. ◆ Puh, ich muss mich mal bewegen. Ich sitze schon den ganzen Tag …
   a an den Schreibtisch.
   b am Schreibtisch.

10. ◆ Möchtest du auch einen Kaffee? Ich gehe jetzt …
    a in die Küche.
    b in der Küche.

96 Ein ganz normaler Feierabend. Ergänzen Sie die Präpositionen und die Artikel in der korrekten Form.

Ich komme immer um 17 Uhr nach Hause. Zuerst stelle ich meine

Schuhe (1) _in den_ (in – der) Flur und lege die Schlüssel

(2) _____ (auf – die) Kommode. Dann gehe ich

(3) _____ (in – die) Küche, da liegt die Zeitung

(4) _____ (auf – der) Tisch. Wenn das Wetter

schön ist, setze ich mich erst mal eine halbe Stunde

(5) _____ (auf – der) Balkon und lese. Meistens

muss ich noch einkaufen und gehe dann (6) _____

(in – der) Supermarkt. Obst und Gemüse kaufe ich am Donnerstag immer frisch (7) _____

(auf – der) Markt. Manchmal fahre ich auch (8) _____ (in – das) Zentrum und esse eine Pizza

(9) _____ (in – das) Restaurant (10) _____ (an – der) Königsplatz. Oder ich treffe mich

(11) _____ (in – der) Park mit einer Freundin. Zu Hause lege ich mich dann (12) _____

(auf – das) Sofa und sehe fern. Um 23 Uhr gehe ich normalerweise (13) _____ (in – das) Bett.

Lokale Präpositionen:

an ... vorbei, bis zu, gegenüber, durch, ... entlang, um ... herum

A2: K6

mit Akkusativ durch, ... entlang, um ... herum	mit Dativ an ... vorbei, bis zu, gegenüber
Dann geht sie **durch den** Park. Nach der Brücke geht sie **den** Fluss **entlang**. Sie geht noch **um die** Kirche **herum**.	Lara geht **an der** Brücke **vorbei**. Sie geht **bis zum** Fluss. Ihre Freundin wohnt **gegenüber der** Bäckerei.

97 Der Weg zu Valentin. Ergänzen Sie die Präpositionen.

Hallo Max,

ich freue mich, dass du mich endlich mal besuchen kommst. Also, ich erkläre dir kurz, wie du zu mir kommst.

Zuerst fährst du mit der U-Bahn (1) _____ Königsplatz, dort steigst du aus. Wenn du die U-Bahntreppen

hochgehst, kommst du auf einen Platz. In der Mitte steht eine Kirche. Du gehst (2) _____ die Kirche

_____. An der Ecke ist ein Café. Du gehst rechts, dann immer geradeaus, also (3) _____ dem

Museum und der Tankstelle _____. Dann siehst du den Fluss. Geh einfach ein Stück den Fluss

(4) _____, bis du rechts den großen Supermarkt siehst. Auf der anderen Seite, also direkt

(5) _____ dem Supermarkt ist meine Wohnung. Ich hoffe, du bist noch nicht müde, wenn du bei mir bist.

Wenn du Lust hast, können wir dann noch einen Spaziergang (6) _____ den Park machen.

Viele Grüße

Valentin

7 Präpositionen

Temporale Präpositionen

am, um, von ... bis

A1: K5

Wann? Wie lange?	Wochentage/Tageszeiten	Uhrzeit
	am Montag / **am** Vormittag	**um** Viertel vor drei
	von Montag **bis** Samstag	**von** neun **bis** halb zwei / **von** 9.00 Uhr **bis** 13.30 Uhr

98 **Nachricht auf dem Anrufbeantworter. Ergänzen Sie die Präpositionen.**

Ach, jetzt habe ich frei und muss so viel machen! (1) _____ Vormittag

muss ich die Wohnung putzen und (2) _____ 11.30 Uhr habe ich

einen Termin beim Arzt. (3) _____ 13 Uhr _____ 14 Uhr gehe

ich zum Yoga und (4) _____ Nachmittag muss ich einkaufen. Und

(5) _____ Abend gehe ich mit Pia und Max ins Kino. Wir treffen uns

(6) _____ 18 Uhr. Wir wollen auch ins Restaurant gehen.

Aber (7) _____ 23 Uhr bin ich sicher zu Hause. Und

(8) _____ Samstag gehen wir ins Schwimmbad, oder? Wann hast du

Zeit? Das Schwimmbad hat (9) _____ 7 Uhr _____ 22 Uhr

geöffnet. Oder möchtest du (10) _____ Sonntag schwimmen gehen?

bis, über, um, ab, an, seit, vor, nach

A2: K7

mit Akkusativ	mit Dativ
bis ein Uhr	**ab** dem ersten Juni
über eine Stunde	**an** manchen Tagen
um zehn Uhr	**seit** vier Jahren
	vor einem Jahr
	nach dem Unterricht

99 **Eine glückliche Familie. Markieren Sie die passende Präposition.**

bis – vor – seit   1. Britta und Dan haben sich ... fünf Jahren kennengelernt.

ab – über – bis   2. Sie wussten ... dem ersten Moment, dass sie zusammen sein wollen.

Seit – An – Ab   3. ... zwei Jahren sind sie verheiratet.

Über – Seit – Nach   4. ... der Hochzeit sind Britta und Dan aufs Land gezogen.

An – Über – Um   5. ... sechs Monate haben sie nach einem passenden Haus gesucht.

am – um – nach   6. Ihr erstes Kind wurde einen Monat später, ... 21. März geboren.

seit – über – ab   7. Dann haben sie eine Weltreise gemacht, die ... ein Jahr gedauert hat.

Vor – Seit – Bis   8. ... ein paar Monaten sind sie wieder zu Hause.

um – bis – an   9. Heute ... 16.41 Uhr ist ihr zweites Kind auf die Welt gekommen.

bis – nach – über   10. Britta und das Baby bleiben noch ... übermorgen im Krankenhaus.

vor, nach, während

vor + Dativ	**Vor** dem Umzug haben ihr viele Freunde davon abgeraten.
nach + Dativ	**Nach** der Sendung bekam sie viele Mails.
während + Genitiv	**Während** ihres Studiums lernte Selina ihren Mann kennen.

100 In der Sprachschule. Bilden Sie Sätze. Beginnen Sie mit den Präpositionen.

1. während / die Öffnungszeiten / das Büro / immer besetzt sein

_____

2. vor / der erste Unterrichtstag / wir / eine Willkommensparty / organisieren

_____

3. während / das Fest / kennenlernen können / Sie / die anderen Studenten

_____

4. vor / der Kursbeginn / Sie / müssen kaufen / das Buch

_____

5. während / der Unterricht / alle neuen Wörter / Sie / sollten aufschreiben

_____

6. nach / der Kurs / Sie / eine Prüfung / können machen

_____

Mit Genitiv

wegen und trotz **während**

Claudia ist glücklich,	weil sie eine neue Stelle hat.	
Claudia ist	**wegen der** neu**en** Stelle	glücklich.
Niko ist zufrieden,	obwohl die Arbeitszeiten lang sind.	
Niko ist	**trotz der** lang**en** Arbeitszeiten	zufrieden.

Während ihres Studiums lernte Selina ihren Mann kennen.

Bei Personalpronomen verwendet man *wegen* und *trotz* mit Dativ: **Wegen dir** kommen wir zu spät!
In der gesprochenen Sprache verwendet man *wegen, trotz* und *während* oft mit Dativ:
Wegen den hohen Preisen in der Stadt wohnen wir auf dem Land. **Trotz dem schlechten Wetter** feiern wir im Garten. **Während** dem Studium arbeitete er als Kellner.

101 Herr und Frau Schmidt. Welche Präposition passt? Kreuzen Sie an.

1. Herr Schmidt fährt nicht gern mit der U-Bahn. Er fährt ☐ wegen ☐ trotz schlechten Wetters mit dem Fahrrad ins Büro.
2. ☐ Trotz ☐ Wegen der Bewegung an der frischen Luft ist er viel fitter als früher.
3. ☐ Trotz ☐ Wegen seiner gesundheitlichen Probleme versucht er auch, viel Obst und Gemüse zu essen.
4. Er isst ☐ wegen ☐ trotz des guten Angebots oft in der Kantine.
5. Frau Schmidt nimmt ☐ wegen ☐ trotz ihres kurzen Arbeitsweges morgens lieber den Bus. Radfahren ist ihr zu anstrengend.
6. ☐ Wegen ☐ Trotz ihrer flexiblen Arbeitszeiten kann sie aber manchmal morgens ins Fitnessstudio gehen.

7 Präpositionen

innerhalb und *außerhalb*

Lokale Bedeutung	Temporale Bedeutung
Innerhalb des Stadtzentrums sind die Mieten hoch.	**Innerhalb einer** Woche waren alle Wohnungen verkauft.
Außerhalb der Stadt kann man günstiger wohnen.	**Außerhalb der** Büro-Öffnungszeiten kann man den Architekten nicht erreichen.

In der Schriftsprache verwendet man den Genitiv. In der gesprochenen Sprache verwendet man statt des Genitivs auch *von* + Dativ. Das gilt ganz besonders für Städte- und Ländernamen ohne Artikel:
Reisen **innerhalb von** Deutschland ist einfach.

102 Innerhalb oder außerhalb? Ergänzen Sie.

1. ◆ Leider habe ich keine Tickets bekommen. Die waren ___*innerhalb einer Stunde*___ (eine Stunde) ausverkauft.

   ◇ Dann ruf doch noch mal bei der anderen Kartenagentur an.

   ◆ Jetzt ist es zu spät. Das Büro ist _____ (die Öffnungszeiten) nicht besetzt.

2. ◆ Lass uns doch dieses Jahr im August in Urlaub fahren.

   ◇ Nee, da sind doch Schulferien. _____ (die Ferien) ist es viel billiger.

3. ◆ Die Präsentation muss _____ (die nächste Stunde) fertig sein.

   ◇ Was? Das ist nicht dein Ernst! Das schaffe ich nicht.

4. ◆ Entschuldigung, wo darf man hier rauchen?

   ◇ Da müssen Sie das Messegelände leider verlassen. _____ (das Gelände) darf man nicht rauchen.

5. ◆ Hast du mal mit Valentina gesprochen? Die hat ja viel erlebt in letzter Zeit.

   ◇ Ja, _____ (ein Monat) ist sie umgezogen und hat den Job gewechselt.

103 Ein schöner Urlaub. Ergänzen Sie die Präpositionen.

> im • ohne • nach • an • am • bis • nach • im • mit • durch • während • wegen • für

Letztes Jahr wollte ich im August (1) _____ meiner Familie Urlaub (2) _____ der Ostsee machen. Wir hatten uns einen Campingplatz direkt (3) _____ Strand ausgesucht und uns riesig auf diesen Urlaub gefreut. Leider hat es nur geregnet ... (4) _____ des schlechten Wetters haben wir den Urlaub (5) _____ ein paar Tagen abgebrochen und sind (6) _____ Berlin gefahren. Wir haben direkt (7) _____ Zentrum ein günstiges Hotel gefunden und hatten wirklich eine tolle Zeit. Meistens haben wir (8) _____ 10 Uhr geschlafen und dann erst mal gemütlich (9) _____ Hotel gefrühstückt. (10) _____ unseres Aufenthaltes in Berlin haben wir viele Sehenswürdigkeiten besichtigt. Oft sind wir aber auch einfach (11) _____ Plan (12) _____ die Stadt gelaufen und haben die verrücktesten Geschäfte und Cafés entdeckt. (13) _____ mich war das ein sehr schöner Urlaub.

und, oder, aber

	Satz 1				Satz 2	
Ich	**rufe**	meine Freunde an.	**+**	Ich	**lade**	sie ein.
Ich	rufe	meine Freunde an	**und**	(ich)	lade	sie ein.
Sie	haben	keine Zeit	**oder**	(sie)	(haben)	keine Lust.
Ich	**feiere**	mit der Familie,	**aber**	das	**ist**	nicht so lustig.

Mit den Konnektoren *und, oder, aber* verbindet man zwei Hauptsätze.

104 Abend-Programm. Verbinden Sie die Sätze.

1. Was machen wir? Gehen wir ins Kino	und	wir können morgen ausgehen.
2. Ich muss leider heute arbeiten,	oder	dann ins Restaurant gehen.
3. Wir können einen Film sehen	aber	bleiben wir zu Hause?
4. Morgen Abend macht Carla eine Party	und	wir können auch noch Blumen kaufen.
5. Schenken wir ihr ein Buch	oder	sie hat uns eingeladen.
6. Ich habe ein Buch für sie gekauft,	aber	bringen wir Blumen mit?

Nebensatz mit *weil*

Hauptsatz			**Nebensatz**			
Rick	freut	sich,	**weil**	Lisa	zum Abendessen	**kommt**.
Rick	ärgert	sich,	**weil**	sie	nicht	gekommen **ist**.
			Konnektor			Verb: Satzende

105 Elenas Geburtstag. Schreiben Sie die Sätze.

1. Elena macht ein großes Fest,
   weil sie Geburtstag hat.
   (sie / weil / haben / Geburtstag)

2. Sie feiert im Garten, _____
   (schön / das Wetter / weil / sein)

3. Sie hat viele Leute eingeladen, _____
   (werden / dreißig Jahre alt / sie / weil)

4. Elena ist ein bisschen traurig, _____
   (weil / ihr Bruder Fabio / kommen / können / nicht)

5. Fabio ist gerade in England, _____
   (weil / dort / einen Sprachkurs / machen / er)

6. Aber sie freut sich sehr, _____
   (weil / sie / viele alte Freunde / wiedersehen)

7. Das Essen hat sie in einem Restaurant bestellt, _____
   (wollen / nicht / sie / weil / kochen)

8. Viele Freunde schenken Elena Bücher, _____
   (sie / lesen / weil / gern)

8 Sätze verbinden

Nebensatz mit *dass*

Hauptsatz			Nebensatz			
Katrin Hofer	**ist**	froh,	**dass**	Einkaufen	im Internet oft billiger	**ist**.
Steven	**sagt,**		**dass**	man	gemeinsam an Projekten	arbeiten **kann**.
Er	**findet**	es gut,	**dass**	die Kollegen	über das Internet	**anrufen**.
			Konnektor			Verb: Satzende

106 **Was sagt er? Geben Sie die Aussagen mit *dass*-Sätzen wieder.**

1. Das Internet ist sehr praktisch.

2. Man kann alle Nachrichten sofort lesen.

3. Manchmal verbringe ich zu viel Zeit im Internet.

4. Man kann so tolle Sachen im Internet kaufen.

5. Man kann mit Freunden auf der ganzen Welt in Kontakt sein.

6. Ich habe schon viele Reisen im Internet gebucht.

1. Er denkt, …	4. Er denkt, …
2. Er findet es gut, …	5. Er freut sich, …
3. Er erzählt, …	6. Er sagt, …

1. Er denkt, dass das Internet praktisch ist.

Nebensatz mit *wenn*

Hauptsatz			Nebensatz		
Ich	**bin**	glücklich,	**wenn**	ich eine Prüfung	**bestehe**.
Ich	**freue**	mich,	**wenn**	meine Freundin	**anruft**.
Ich	**ärgere**	mich,	**wenn**	ich zu viel	lernen **muss**.
	Verb				Satzende: Verb

Nebensatz			Hauptsatz		
Wenn	das Wetter immer schlecht	**ist**,	(dann)	**bin**	ich unglücklich.
Wenn	meine Freundin	**anruft**,	(dann)	**freue**	ich mich.
Wenn	ich zu viel	arbeiten **muss**,	(dann)	**ärgere**	ich mich.

107 **Freizeit. Schreiben Sie die Sätze mit *wenn*.**

1. ich / nicht arbeiten müssen – ich / meine Freunde / treffen
2. das Wetter / schön sein – wir / in den Park / gehen
3. es / heiß sein – wir / schwimmen / im See
4. es / regnen – wir / im Café / sitzen
5. ein interessanter Film / im Kino laufen – wir / ins Kino / gehen
6. wir / am nächsten Tag / frei haben – wir / tanzen / die ganze Nacht

1. Wenn ich nicht arbeiten muss, treffe ich meine Freunde.

108 Viele Nachrichten. Was passt? Kreuzen Sie an.

Hallo Sebastian, ich war heute nicht in der Uni, (1) ☐ weil ☐ dass ☐ wenn ich krank war. Stimmt es, (2) ☐ weil ☐ dass ☐ wenn Professor Schmidt heute auch nicht da war? (3) ☐ Weil ☐ Dass ☐ Wenn ich morgen noch krank bin, gehe ich zum Arzt. Viele Grüße Flori

Lieber Flori, wir grillen am Samstag bei mir im Garten. Hast du Lust? (4) ☐ Weil ☐ Dass ☐ Wenn es regnet, bestellen wir Pizza. Maria hat gesagt, (5) ☐ weil ☐ dass ☐ wenn sie auch kommt. ☺ Ruf mich an, Maja

Liebe Maja, ich habe mich sehr gefreut, (6) ☐ weil ☐ dass ☐ wenn du mich eingeladen hast. Aber ich kann leider nicht kommen, (7) ☐ weil ☐ dass ☐ wenn ich am Wochenende nach München fahre. Liebe Grüße und bis bald! Flori

Nebensatz mit *als* oder *wenn*

A2: K9

Hauptsatz	Nebensatz			Hauptsatz
Vera freut sich,	**wenn**	Melly sie	**besucht**.	
Melly war noch in Fribourg,	**(Immer) wenn**	Melly zu Hause	**war**,	war Lena nicht da.
	als	sie den Umzug	**vorbereitet hat**.	
	Als	ich 14 Jahre alt	**war**,	bin ich nach Berlin gefahren.

Nebensätze mit *als* verwendet man für einmalige Ereignisse in der Vergangenheit.
Für mehrmalige Ereignisse in der Vergangenheit verwendet man *wenn*.
Im Präsens verwendet man immer *wenn*.

109 Neuigkeiten. Ergänzen Sie *als* oder *wenn* in der Mail.

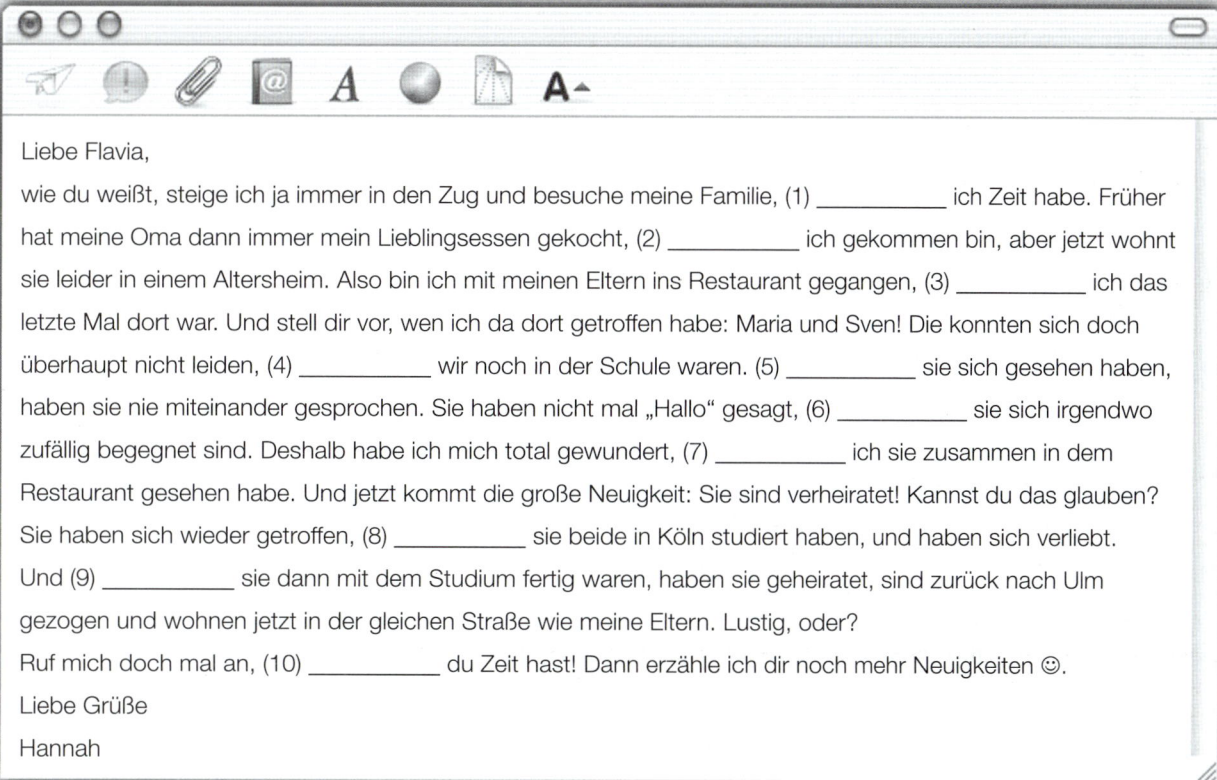

Liebe Flavia,

wie du weißt, steige ich ja immer in den Zug und besuche meine Familie, (1) _____ ich Zeit habe. Früher

hat meine Oma dann immer mein Lieblingsessen gekocht, (2) _____ ich gekommen bin, aber jetzt wohnt

sie leider in einem Altersheim. Also bin ich mit meinen Eltern ins Restaurant gegangen, (3) _____ ich das

letzte Mal dort war. Und stell dir vor, wen ich da dort getroffen habe: Maria und Sven! Die konnten sich doch

überhaupt nicht leiden, (4) _____ wir noch in der Schule waren. (5) _____ sie sich gesehen haben,

haben sie nie miteinander gesprochen. Sie haben nicht mal „Hallo" gesagt, (6) _____ sie sich irgendwo

zufällig begegnet sind. Deshalb habe ich mich total gewundert, (7) _____ ich sie zusammen in dem

Restaurant gesehen habe. Und jetzt kommt die große Neuigkeit: Sie sind verheiratet! Kannst du das glauben?

Sie haben sich wieder getroffen, (8) _____ sie beide in Köln studiert haben, und haben sich verliebt.

Und (9) _____ sie dann mit dem Studium fertig waren, haben sie geheiratet, sind zurück nach Ulm

gezogen und wohnen jetzt in der gleichen Straße wie meine Eltern. Lustig, oder?

Ruf mich doch mal an, (10) _____ du Zeit hast! Dann erzähle ich dir noch mehr Neuigkeiten ☺.

Liebe Grüße

Hannah

damit oder *um ... zu:* Absichten ausdrücken

A2: K12

Hauptsatz			Nebensatz mit *damit / um zu*		
Der Gastgeber	bietet	mehrmals Essen an,	damit	alle Gäste satt	werden,
Man	sagt	zuerst „nein",	damit	man nicht unhöflich	wirkt.
			um	nicht unhöflich	zu wirken.
	Verb				Satzende: Verb

Subjekt in Satz 1 **≠ Subjekt** in Satz 2: *damit*.
Subjekt in Satz 1 **= Subjekt** in Satz 2: *damit* oder *um ... zu*.

110 Mein Tag. Was passt? Ordnen Sie zu.

1. Ich stehe früh auf,
2. Ich lerne den ganzen Tag,
3. Ich helfe Maria bei ihrem Referat,
4. Ich rufe meine Freunde an,
5. Ich putze die Küche und das Bad,
6. Am Abend jobbe ich in einem Café,

A damit sie eine gute Note bekommt.
B damit die Wohnung schön aussieht.
C um mich mit ihnen zu verabreden.
D um Geld zu verdienen.
E um meine Prüfung zu bestehen.
F um pünktlich in der Uni zu sein.

111 Ergänzen Sie Sätze mit *um ... zu*. Wenn das nicht möglich ist, formulieren Sie die Sätze mit *damit*.

1. Felix ruft seine Freunde an, _um sie zum Abendessen einzuladen._
   (sie – zum Abendessen einladen)

2. Seine alte Nachbarin lädt er auch ein, _____
   (sie – nicht so allein sein)

3. Er beginnt früh mit den Vorbereitungen, _____
   (keinen Stress – haben)

4. Zuerst räumt er die Wohnung auf, _____
   (die Gäste – sich wohlfühlen)

5. Er kocht vegetarisch, _____
   (alle Leute – das Gericht essen können)

6. Seine Freundin Lilli kommt früher, _____
   (ihm – helfen)

7. Die Gäste bringen Blumen mit, _____
   (Felix – eine Freude machen)

denn, weil: Gründe ausdrücken

A2: K1, K7

Hauptsatz	Hauptsatz			
Er sollte weniger Kaffee trinken,	denn	Kaffee	macht	nervös.
Sie sollte in der Prüfung nachfragen,	denn	so	kann	sie Zeit gewinnen.
	Konnektor		Verb	

Hauptsatz	Nebensatz		
Er sollte weniger Kaffee trinken,	weil	Kaffee nervös	macht.
Sie sollte in der Prüfung oft nachfragen,	weil	sie so Zeit	gewinnen kann.
	Konnektor		Satzende: Verb

112 **Warum sollten die Personen das machen? Verbinden Sie die Sätze mit *denn* oder *weil*.**

1. Miriam sollte mehr lernen. Sie hat schlechte Noten. (denn)

   _____

2. Pascal sollte eine andere Sprache lernen. Er findet dann leichter eine neue Arbeit. (weil)

   _____

3. Robert sollte weniger telefonieren. Seine Handyrechnung ist sehr hoch. (weil)

   _____

4. Ines sollte mehr kochen. Sie gibt zu viel Geld in Restaurants aus. (denn)

   _____

5. Marco sollte seine Eltern besuchen. Er hat sie seit einem Jahr nicht gesehen. (weil)

   _____

weil/da, obwohl: Gründe und Gegengründe ausdrücken

B1: K2, K5

	Konnektor		Verb	
Das Handy geht oft aus,	**weil**	der Akku leer	**ist**.	
	Weil	der Akku leer	**ist**,	geht das Handy oft aus.
Duschen ist besser,	**da**	man nicht so viel Energie	**verbraucht**.	
	Da	man nicht so viel Energie	**verbraucht**,	ist Duschen besser.
Er kauft das Gerät,	**obwohl**	es sehr teuer	**ist**.	
	Obwohl	das Gerät sehr teuer	**ist**,	kauft er es.

Nebensätze mit *weil/da* drücken einen Grund aus. Nebensätze mit *obwohl* drücken einen Gegengrund aus.

113 **So ein Pech! Lesen Sie die Mail und ergänzen Sie *da/weil* oder *obwohl*.**

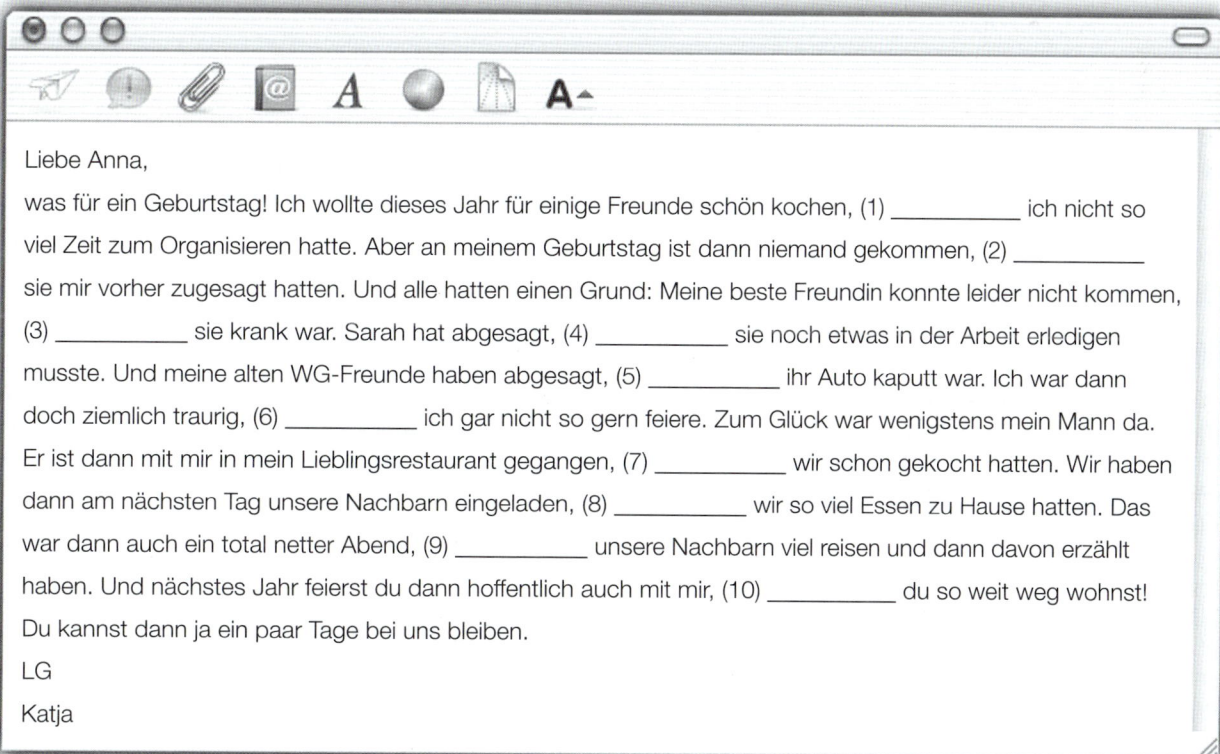

Liebe Anna,

was für ein Geburtstag! Ich wollte dieses Jahr für einige Freunde schön kochen, (1) _____ ich nicht so

viel Zeit zum Organisieren hatte. Aber an meinem Geburtstag ist dann niemand gekommen, (2) _____

sie mir vorher zugesagt hatten. Und alle hatten einen Grund: Meine beste Freundin konnte leider nicht kommen,

(3) _____ sie krank war. Sarah hat abgesagt, (4) _____ sie noch etwas in der Arbeit erledigen

musste. Und meine alten WG-Freunde haben abgesagt, (5) _____ ihr Auto kaputt war. Ich war dann

doch ziemlich traurig, (6) _____ ich gar nicht so gern feiere. Zum Glück war wenigstens mein Mann da.

Er ist dann mit mir in mein Lieblingsrestaurant gegangen, (7) _____ wir schon gekocht hatten. Wir haben

dann am nächsten Tag unsere Nachbarn eingeladen, (8) _____ wir so viel Essen zu Hause hatten. Das

war dann auch ein total netter Abend, (9) _____ unsere Nachbarn viel reisen und dann davon erzählt

haben. Und nächstes Jahr feierst du dann hoffentlich auch mit mir, (10) _____ du so weit weg wohnst!

Du kannst dann ja ein paar Tage bei uns bleiben.

LG

Katja

deshalb, trotzdem: Folgen ausdrücken

Konsequenz / erwartete Folge					
Hauptsatz	**Hauptsatz**	**Hauptsatz**		**Hauptsatz**	
Ich spiele gut Tennis. →	Ich gewinne oft.	Ich spiele gut Tennis,	**deshalb**	**gewinne**	**ich** oft.
Widerspruch / nicht erwartete Folge					
Ich spiele gut Tennis. ↗	Ich verliere oft.	Ich spiele gut Tennis,	**trotzdem**	**verliere**	**ich** oft.
			Konnektor	Verb	Subjekt

114 Was passt zusammen? Verbinden Sie und schreiben Sie die Sätze mit *deshalb* und *trotzdem*.

1. Der Kühlschrank ist leer.
2. Ich bin total erkältet.
3. Draußen regnet es fürchterlich.
4. Ich reise gern.
5. Ich lese sehr gern Krimis.
6. Ich habe mir ein Auto gekauft.

Ich gehe lange spazieren.
Ich gehe oft in die Bücherei.
Ich muss dringend einkaufen.
Ich fahre immer mit dem Fahrrad in die Arbeit.
Ich besuche oft Freunde in anderen Ländern.
Ich gehe morgen zur Arbeit.

1. Der Kühlschrank ist leer, deshalb muss ich dringend einkaufen.

deshalb, darum, deswegen: Folgen ausdrücken

Hauptsatz 1			**Hauptsatz 2**		
Bens Freunde	sind	weit weg,	**deshalb**	**ist**	er manchmal traurig.
Ben	vermisst	seine Geschwister,	**darum**	**ruft**	er sie oft an.
Seine Frau	hat	viele Freunde,	**deswegen**	**gehen**	sie oft aus.

sodass, so ... dass: Folgen ausdrücken

Hauptsatz			**Nebensatz**		
Der Spanischkurs	macht	Spaß,	**sodass**	Ben gern	**ist**.
Ich	spreche	**so** wenig Spanisch,	**dass**	ich fast nichts	**verstehe**.

115 Veränderungen. Schreiben Sie die Sätze.

1. unzufrieden sein / Fred / in der Arbeit   deshalb   Stellenanzeigen / lesen / er

_____

2. nicht hoch sein / sein Gehalt   darum   eine besser bezahlte Stelle / suchen / er

_____

3. viel Erfahrung haben / Fred   so ... dass   eine neue Stelle / finden werden / bald / er

_____

4. alle Dokumente vorbereiten / er   sodass   sich sofort bewerben können / er

_____

5. gern mögen / seine Kollegen / er   deswegen   etwas traurig sein / auch / er

_____

bevor, nachdem, seit/seitdem, während, bis: temporaler Nebensatz **B1:** K7

bevor	Elisa diskutierte lange mit den Eltern, **bevor** sie in Urlaub fuhren. **Bevor** Elisa ausgehen darf, muss sie das Geschirr abspülen.
nachdem	Elisa <u>findet</u> es richtig nett am Meer, **nachdem** sie Freunde <u>gefunden hat</u>. **Nachdem** Elisa <u>weggefahren war</u>, <u>war</u> Jasmin so allein.
seit/seitdem	**Seit/Seitdem** sie zusammen wohnen, streiten sie oft.
während	**Während** du telefonierst, räume ich auf.
bis	Tim will sparen, **bis** er sich ein Haus kaufen kann.

Im *nachdem*-Satz verwendet man ein anderes Tempus als im Hauptsatz:
– im Hauptsatz Präsens → im Nebensatz Perfekt
– im Hauptsatz Präteritum oder Perfekt → im Nebensatz Plusquamperfekt

116 Urlaub in Spanien. Schreiben Sie Sätze mit *bevor* und *nachdem*.

Satz	zuerst	dann
1	ein Ticket kaufen	zu meinen Freunden fliegen
2	in Spanien ankommen	zusammen ans Meer fahren
3	im Restaurant essen	im Hotel einchecken
4	den nächsten Tag planen	schlafen gehen
5	früh aufstehen	im Pool schwimmen
6	Postkarten schreiben	nach Hause fliegen

1. Bevor …, 2. Nachdem …, 3. Nachdem …, 4. Bevor …, 5. Nachdem …, 6. Bevor …

1. Bevor ich zu meinen Freunden fliege, kaufe ich ein Ticket.

117 Zusammenleben ist nicht immer einfach. Was ist richtig? *seit/seitdem, während, bis?* Kreuzen Sie an.

1. ☐ Bis ☑ Seit ☐ Während Kim und David sich kennen, haben sie unterschiedliche Freizeitpläne.
2. David macht nach seiner Arbeit Sport, ☐ bis ☐ seitdem ☑ während Kim noch mit Kunden spricht.
3. Kim muss noch länger arbeiten, ☐ bis ☑ seitdem ☐ während sie eine neue Stelle hat.
4. ☑ Bis ☐ Seit ☐ Während Kim nach Hause kommt, hat er die Wohnung aufgeräumt.
5. Er hilft auch seiner Schwester Anna, ☐ bis ☑ seitdem ☐ während Anna geschieden ist.
6. ☐ Bis ☐ Seit ☑ Während Kim am Wochenende noch schläft, ist David schon unterwegs.
7. Abends schläft David dann ein, ☑ bis ☐ seit ☑ während sie sich zusammen einen Film anschauen.

Indirekte Fragesätze: W-Fragen **A2:** K6

Direkte Frage	Hauptsatz	Indirekte Frage / Nebensatz		
„**Warum** steht der Zug?" „**Wann** bin **ich** am Flughafen?"	Der Mann fragt, Die Frau will wissen,	**warum** **wann** **Konnektor** **(Fragewort)**	der Zug **sie** am Flughafen	**steht**. **ist**. **Satzende: Verb**

8 Sätze verbinden

118 Unterwegs in der fremden Stadt. Formulieren Sie die Fragen höflich.

1. Wie komme ich zum Marktplatz?   *2. Wo ist die nächste U-Bahn-Station?*

3. Wann fährt der Bus zum Bahnhof?   *4. Was gibt es heute im Theater?*

5. Wohin fährt der Bus 100?   *6. Wie alt ist das Rathaus?*

1. Sagen Sie mir bitte, _wie ich zum Marktplatz komme_ _____!

2. Können Sie mir sagen, _____?

3. Wissen Sie vielleicht, _____?

4. Könnten Sie mir sagen, _____?

5. Darf ich Sie fragen, _____?

6. Ich bin nicht sicher, _____.

Indirekte Fragesätze: Ja-/Nein-Fragen mit *ob*

A2: K6

Direkte Frage	Hauptsatz	Indirekte Frage / Nebensatz		
„**Ist** das Navi wirklich so einfach?"	Marius möchte wissen,	**ob**	das Navi wirklich so einfach	**ist**.
„**Kommst du** zum Essen?"	Marius fragt Tom,	**ob** Konnektor	**er** zum Essen	**kommt**. Satzende: Verb

119 Oma will alles wissen. Formulieren Sie die Fragen mit *ob*.

1. „Bist du satt?" – Oma fragt mich, _ob ich satt bin._ _____

2. „Hast du gut geschlafen?" – Sie will wissen, _____

3. „Kommt ihr morgen zu mir?" – Sie fragt, _____

4. „Gefällt dir deine Schule?" – Oma möchte wissen, _____

5. „Hilft dir dein Papa oft?" – Sie will wissen, _____

6. „Spielt ihr manchmal Fußball?" – Sie fragt, _____

Infinitiv mit *zu*

B1: K1

nach Verben	anfangen, aufhören, sich entscheiden, planen, vergessen, versuchen, vorhaben, ...	Ich habe <u>vergessen</u>, dich **anzurufen**.
nach Adjektiven (+ *sein/finden/...*)	anstrengend, interessant, ... sein gut, langweilig, spannend, ... finden	Es ist <u>langweilig</u>, den ganzen Tag am Strand **zu sein**.
nach Substantiven (+ *haben/machen*)	(keine) Lust haben, (keine) Zeit haben, Spaß machen, ...	Ich habe keine <u>Zeit</u>, ins Reisebüro **zu gehen**.

120 Ein Interview. Formulieren Sie die Fragen und verwenden Sie *Infinitiv mit zu*.

1. Macht es dir Spaß, _Museen zu besuchen_____? Ja, ich besuche gern Museen.

2. Versuchst du, _____? Nein, ich mache keinen Sport.

3. Findest du es interessant, _____? Ja, ich lese sehr gern Bücher.

4. Hast du Lust, _____? Ja, ich möchte noch eine Sprache lernen.

5. Planst du, _____? Nein, ich mache keine Radtour.

6. Ist es für dich spannend, _____? Ja, Computerspiele sind super.

7. Hast du Zeit, _____? Ich koche selten für Freunde.

Relativsätze

Nominativ und Akkusativ

A2: K10, K12

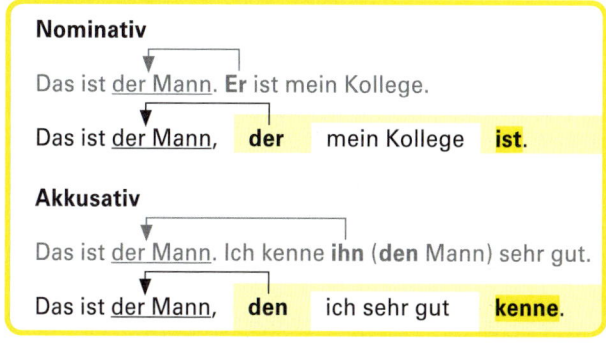

Nominativ

Das ist der Mann. **Er** ist mein Kollege.

Das ist der Mann, **der** mein Kollege **ist**.

Akkusativ

Das ist der Mann. Ich kenne **ihn** (**den** Mann) sehr gut.

Das ist der Mann, **den** ich sehr gut **kenne**.

	Nominativ	Akkusativ
maskulin	**der**	**den**
neutrum	**das**	**das**
feminin	**die**	**die**
Plural	**die**	**die**

121 Menschen in meinem Leben. Ergänzen Sie das Relativpronomen.

1. Lynn ist eine Freundin, _____ sehr wichtig für mich ist.

2. Miro und Lars sind die Cousins, _____ ich immer auf Familienfesten sehe.

3. Robby ist ein Kollege, _____ mir manchmal gute Ratschläge gibt.

4. Ivo ist mein Freund, _____ ich vor drei Jahren kennengelernt habe.

5. Frau Gieseke ist die Kollegin, _____ immer ein offenes Ohr für alle hat.

6. Herr Rubinio ist ein Nachbar, _____ ich oft im Haus treffe.

Dativ

B1: K6

Relativsätze mit Relativpronomen im Dativ
Alex geht zu Frau Berger. Er bringt **ihr** einen frischen Kaffee.

Alex geht zu Frau Berger, **der** er einen frischen Kaffee bringt.

Alex kommt zu Lisa und Hannah Graf. Er bringt **ihnen** eine Pizza.

Alex kommt zu Lisa und Hannah Graf, **denen** er eine Pizza bringt.

maskulin	der	**dem**
neutrum	das	**dem**
feminin	die	**der**
Plural	die	**denen**

122 Ich brauche ein Souvenir! Ergänzen Sie das Relativpronomen im Dativ, Akkusativ oder Nominativ.

◆ Schau mal, in dem Geschäft, (1) _____ dort an der Ecke ist, gibt es tolle Souvenirs.

◇ Ich möchte meinem Nachbarn, (2) _____ meine Katze füttert, etwas mitbringen.

◆ Ist das der Nachbar, (3) _____ du auch oft hilfst?

◇ Genau! Der ist supernett. Und wem möchtest du etwas mitbringen?

◆ Ich suche etwas für meinen Kollegen, (4) _____ gerade Geburtstag hatte. Und natürlich für

meine Eltern, (5) _____ gerade auf meine Kinder aufpassen.

◇ Wollen wir vielleicht zuerst noch in das Café gehen? Der Kaffee, (6) _____ es da gibt,

soll der beste in der Stadt sein.

◆ Na, du kennst mich ja – Kaffee trinke ich immer! Da können wir auch die Postkarten schreiben,

(7) _____ wir gekauft haben.

◇ Gute Idee. Dann kannst du mir auch meinen Stift wiedergeben, (8) _____ ich dir heute Morgen

geliehen habe!

Eingeschobene Relativsätze

A2: K10, K12

Der Mann steht dort. Er ist mein neuer Kollege.

Der Mann, **der** dort **steht**, ist mein neuer Kollege.

Ich kenne den Mann seit gestern. Der Mann ist mein neuer Kollege.

Der Mann, **den** ich seit gestern **kenne**, ist mein neuer Kollege.

123 Das Firmenfest. Schreiben Sie Relativsätze.

1. Das Firmenfest ist morgen. Meine Abteilung hat es organisiert.

   Das Firmenfest, das meine Abteilung organisiert hat, ist morgen.

2. Die Getränke sind noch nicht da. Wir haben sie vor einer Woche bestellt.

   _____

3. Der Film ist schon fertig. Wir wollen ihn auf dem Fest zeigen.

   _____

4. Die Kollegen sind sehr nett. Ich lade sie ein.

   _____

5. Ein Kollege hat leider keine Zeit. Ich mag ihn besonders gern.

   _____

6. Der Hausmeister kommt auch. Er ist meistens gestresst.

   _____

7. Das letzte Fest war super. Es war im Sommer.

   _____

Relativpronomen mit Präposition

B1: K6

Das sind meine Freunde,	**mit**	**denen**	ich nach Hamburg fahren möchte.	
Der Zug,	**für**	**den**	ich die Fahrkarten gekauft habe,	fährt um 10 Uhr.
Hamburg ist die Stadt,	**in**	**der**	wir aufgewachsen sind.	
Hamburg ist die Stadt,	**in**	**die**	er schon lange fahren möchte.	

Die Präposition bestimmt den Kasus des Relativpronomens:

mit + Dativ → mit **denen** (Plural), *für* + Akkusativ → **für den** (maskulin, Singular)

Bei den Wechselpräpositionen fragt man wie üblich „Wo?" oder „Wohin?", um den Kasus zu bestimmen:

aufwachsen → Wo?	→ *in* + Dativ	→ die Stadt, in **der** wir aufgewachsen sind.
fahren → Wohin?	→ *in* + Akkusativ	→ die Stadt, in **die** er schon lange fahren möchte.

124 **Neu in der Firma. Erklären Sie einem neuen Praktikanten noch einmal alles genau. Formulieren Sie Relativsätze mit Präpositionen.**

1. *Mit den Kollegen kannst du essen gehen.*

4. *In dem Büro sitzt du.*

2. *Von dem Mitarbeiter bekommst du einen Schlüssel.*

5. *Mit der Kollegin arbeitest du viel zusammen.*

3. *Neben dem Büro steht der Kopierer.*

6. *Ohne die Mitarbeiterin funktioniert hier nichts.*

1. *Das sind die Kollegen, mit denen du essen gehen kannst.*

was und wo

B1: K11

was bezieht sich auf ganze Sätze oder auf Pronomen wie *alles, etwas, nichts, das*	Hier gibt es viele Freizeitmöglichkeiten, **was** ich toll finde. Ich finde alles interessant, **was** du vorgeschlagen hast. Da ist etwas, **was** ich dir sagen muss.
wo bezieht sich auf Ortsangaben	Ich fahre nach Hamburg, **wo** ich gute Freunde habe. Hamburg ist eine Stadt, **wo** ich gerne wohnen würde.

Ebenso möglich: Hamburg ist eine Stadt, **in der** ich gerne wohnen würde.

125 **Eine Traumstadt. Lesen Sie den Text und ergänzen Sie was oder wo.**

In meiner Traumstadt gibt es alles, (1) _____ man sich nur wünschen kann. Die Straßen, (2) _____ die

Menschen wohnen, sind grün, und es gibt fast keine Autos. Die Kinder können überall spielen, (3) _____ sie

möchten. Die Häuser, (4) _____ sie wohnen, sind groß und neu. Es gibt nichts, (5) _____ die Nachbarn

stört. In der Stadt gibt es viele Parks, (6) _____ alle grillen und entspannen können. Natürlich müssen die

Menschen auch arbeiten, aber die Firmen, (7) _____ sie tätig sind, haben auch Sportstudios und Kaffee-

Ecken. Die Menschen können am Wochenende alles machen, (8) _____ sie wollen, denn in der Stadt gibt es

Angebote für alle.

8 Sätze verbinden

Zweiteilige Konnektoren

das eine **und** das andere	Ich höre **sowohl** Klassik **als auch** Pop.
das eine **oder** das andere	Ich höre **nicht nur** Klassik, **sondern auch** Pop.
das eine **nicht und** das andere auch **nicht**	Er hört **entweder** Rock **oder** Techno.
das eine **mit Einschränkungen**	Sie hört **weder** Trip-Hop **noch** Jazz.
Gegensatz; eine Sache hat **zwei Seiten**	Ich höre **zwar** gern Jazz, **aber** lieber höre ich Salsa.
	Ich höre **einerseits** gern laute Musik, **andererseits** stört sie mich manchmal auch, dann mag ich es ganz ruhig.

Zweiteilige Konnektoren können Satzteile oder ganze Sätze verbinden:
Satzteile: Ella spielt nicht nur Gitarre, sondern auch Klavier.
Ganze Sätze: Brian spielt nicht nur Gitarre, sondern er singt auch gut.

126 **Meine talentierte Familie. Schreiben Sie Sätze mit den zweiteiligen Konnektoren.**

> einerseits ... andererseits • entweder ... oder • nicht nur ... sondern auch • ~~sowohl ... als auch~~
> weder ... noch • zwar ... aber

Auf unseren Familienfesten gibt es immer ein super Unterhaltungsprogramm. Meine Tante kann nämlich

(1) _sowohl_ toll tanzen _als auch_ gut singen. Mein Onkel ist

dann meistens auch dabei: (2) _____ singt er mit ihr zusammen

_____ er spielt allein Klavier. Ihre Auftritte machen (3) _____

Spaß, _____ sind _____ anspruchsvoll – sie schreiben nämlich

die Liedtexte selbst. Bei den Texten wird dann (4) _____ auf die Gefühle der

Verwandten Rücksicht genommen _____ auf ihre eigenen Schwächen: Sie machen

sich über alles lustig. (5) _____ haben dann manche schon Angst vor den Liedern,

_____ möchte auch keiner darauf verzichten. Ich kann (6) _____

verstehen, dass man selbst nichts Schlechtes über sich hören möchte, _____ mein Onkel

und meine Tante machen das immer mit viel Liebe und Humor, sodass man einfach nicht sauer sein kann.

Sätze mit *je ... desto ...*

Je öfter man	Deutsch	spricht,	**desto leichter**	geht	es.
Je mehr man		übt,	**desto besser**	wird	man.
je + Komparativ		Verb (Ende)	*desto* + Komparativ	Verb (Position 2)	

127 **Wenn alles nur so einfach wäre. Schreiben Sie die Sätze mit *je ... desto*.**

1. viel üben → gut werden   _Je mehr ich übe, desto besser werde ich._

2. lang lernen → viele Wörter kennen   _____

3. oft sprechen → wenig Fehler machen   _____

4. viele Filme sehen → leicht verstehen   _____

5. häufig Aufgaben machen → schnell werden _____

6. aktiv sein → gut verstehen und sprechen _____

7. wenig Angst haben → viel Spaß machen   _____

Lösungen

1 Sätze

1 2. Wir frühstücken zusammen in der Küche. 3. Meine Kinder fahren mit dem Bus in die Schule. 4. Nach der Schule holt mein Mann die Kinder ab. 5. Er kommt schon am Nachmittag nach Hause. 6. Am Samstag muss er manchmal arbeiten.

2 1. Wann – K, 2. Wie – J, 3. Woher – A, 4. Wer – F, 5. Wie viele – B, 6. Welche – H, 7. Wo – I, 8. Wen – G, 9. Was – D, 10. Wem – E, 11. Wohin – C

3 2. Nehmen Sie eine Vorspeise? 3. Haben Sie Pizza mit Salami? 4. Wollen Sie einen Kaffee? 5. Kann ich bitte zahlen? 6. Hat es Ihnen geschmeckt?

4 2. Bleiben Sie im Bett! 3. Nehmen Sie eine Tablette! 4. Sprich nur wenig! 5. Mach keinen Sport! 6. Trink viel Tee!

5 2. Zusammen gehen sie dann oft ins Kino. 3. Was hat sie am Wochenende gemacht? 4. Sie war bei ihren Eltern in Berlin. 5. „Besuch uns bald wieder!" 6. In den nächsten Wochen hat sie aber keine Zeit. 7. Warum kann sie ihre Eltern nicht besuchen? 8. Sie muss im Moment so viel arbeiten.

6 2. Wenn wir in den Urlaub fahren, nehmen wir zu viele Sachen mit. 3. Als ich in Berlin Urlaub gemacht habe, habe ich meine Frau kennengelernt. 4. Weil Toms Kollege krank ist, kann Tom keinen Urlaub machen. 5. Wenn Familie Borda wieder nach Hause kommt, freut sich ihr Hund sehr.

7 1. …, wenn ich Geburtstag habe / wenn ich einen Kuchen bekomme. 2. …, weil ich arbeiten musste / gearbeitet habe. 3. …, als sie in die Schule kam. 4. …, ob sie mit mir ins Kino geht. 5. …, wann der Film / das Kino beginnt / wann die Vorstellung ist.

8 2. Patrick läuft täglich, damit er fit bleibt. 3. Frau Schneider fährt oft an den See, weil sie gern schwimmt. 4. Herr Brandl ist Tangolehrer, seit er zwei Jahre in Argentinien gelebt hat. 5. Melanie spielt Tennis, wenn sie früh aus der Arbeit kommt.

9 2. Sie hat ihrem Cousin Nachhilfe gegeben, weil er Schulprobleme hatte. 3. Sie hat sich gefreut, dass ihr Cousin schnell besser wurde. 4. Edda hat sich immer vorbereitet, wenn sie eine Nachhilfestunde hatte. 5. Andere Schüler wollten auch Nachhilfe, weil sie so erfolgreich war. 6. Nach einem Jahr hat Edda überlegt, ob sie Lehrerin wird. 7. Als sie Sommerferien hatte, hat sie in einer Sprachschule ein Praktikum gemacht. 8. Danach war sie sicher, dass Lehrerin der richtige Beruf für sie ist.

2 Verben

10 1. ist, 2. ist, ist, 3. bin, haben, ist, hat, 4. ist, 5. Haben, 6. habe, hat, 7. Haben, ist, 8. ist, haben, Ist, 9. ist, 10. habe, Haben, 11. ist

11 (1) wohnt, (2) arbeitet, (3) ist, (4) kommt, (5) sprechen, (6) gehen, (7) haben, (8) lebt, (9) trifft, (10) besuchen, (11) kochen, (12) studiert, (13) liest, (14) fährt

12 keine Vokaländerung: schicken, wohnen, leben, gehen, finden, anziehen – du machst, er/es/sie macht

e → i: sehen, geben, treffen, sprechen, essen, empfehlen – ich sehe, du siehst, er/es/sie sieht

a → ä: fahren, raten, anfangen, schlafen – ich fahre, du fährst, er/es/sie fährt

13 (1) muss, (2) müssen, (3) wollen, (4) können, (5) müssen, (6) darf, (7) will, (8) musst, (9) können, (10) darfst

14 (2) will/möchte, (3) kann, (4) möchtest/willst, (5) kann, (6) muss, (7) kann, (8) muss, (9) Kannst

15 1. Ich muss heute länger arbeiten. 2. Am Sonntag will die Familie in den Zoo gehen. 3. Die Kinder dürfen mit ihren Freunden spielen. 4. Wir sollen die Wohnung zusammen putzen. 5. Am Wochenende kann ich viel schlafen. 6. Am Samstag möchten die Eltern ihre Nachbarn besuchen.

16 1. hat, 2. ist, 3. ist, 4. hat, 5. ist, 6. hat, 7. hat, 8. ist, 9. ist, 10. hat

Lösungen

17 (2) getroffen, (3), gelernt, (4) gekauft, (5), gegangen, (6) gesehen, (7) geschlafen, (8) gegessen, (9) trainiert, (10) passiert

18 (2) empfohlen, (3) aufgestanden, (4) besucht, (5) eingeladen, (6) bestellt, (7) angerufen, (8) vergessen, (9) angefangen

19 1. warst, war, hatte, 2. war, war, waren 3. waren, waren, war, 4. wart, hatten, Waren, hatten, 5. warst, hatte

20 (1) durfte, (2) musste, (3) wollten, (4) konnte, (5) solltest, (6) musste

21 2. Meine Geschwister und ich mussten im Haus helfen. 3. Wir durften am Wochenende unsere Freunde treffen. 4. Ich wollte immer mit meinem Hund spazieren gehen. 5. Mein Bruder konnte sehr gut Ski fahren. 6. Am Wochenende sollte ich meine Großeltern besuchen.

22 **Perfektformen:**
Ich <u>bin</u> in einem kleinen Dorf aufgewachsen. Schon als Kind <u>habe</u> ich auf dem Bauernhof meiner Eltern <u>geholfen</u>. Vormittags <u>bin</u> ich zur Schule <u>gegangen</u> und am Nachmittag <u>habe</u> ich auf dem Hof <u>gearbeitet</u>. Mein Vater <u>hat</u> immer <u>gedacht</u>, dass ich mal den Hof übernehme. Aber nach dem Abitur <u>habe</u> ich eine lange Reise <u>gemacht</u>. In dieser Zeit <u>habe</u> ich <u>entschieden</u>, einen anderen Weg zu gehen. Ich <u>habe</u> dann in München Architektur <u>studiert</u>. Danach <u>habe</u> ich gleich eine Stelle in einem bekannten Büro <u>gefunden</u>. Ich <u>bin</u> zehn Jahre dort <u>geblieben</u>. Nach zehn Jahren <u>habe</u> ich eine Veränderung <u>gebraucht</u>. Ich <u>bin</u> zurück in mein Dorf <u>gegangen</u> und lebe und arbeite jetzt wieder auf dem Hof meiner Eltern.

Präteritum:
Schon als Kind <u>half</u> er auf dem Bauernhof seiner Eltern. Vormittags <u>ging</u> er zur Schule und am Nachmittag <u>arbeitete</u> er auf dem Hof. Sein Vater <u>dachte</u> immer, dass er mal den Hof übernimmt. Aber nach dem Abitur <u>machte</u> er eine lange Reise. In dieser Zeit <u>entschied</u> er, einen anderen Weg zu gehen. Er <u>studierte</u> dann in München Architektur. Danach <u>fand</u> er gleich eine Stelle in einem bekannten Büro. Er <u>blieb</u> zehn Jahre dort. Nach zehn Jahren <u>brauchte</u> er eine Veränderung. Er <u>ging</u> zurück in sein Dorf und lebt und arbeitet jetzt wieder auf dem Hof seiner Eltern.

23 (1) kochte, (2) war, (3) konnte, (4) machte, (5) arbeitete, (6) war, (7) hatte, (8) hat – gefragt, (9) habe – gesagt, (10) suchten, (11) fanden, (12) sind – gekommen, (13) habe – getroffen, (14) bin – gegangen

24 2. Er hatte den ganzen Tag nichts gegessen. 3. Sie war zwei Stunden durch den Park gejoggt. 4. Er hatte die ganze Nacht nicht geschlafen. 5. Sie hatte eine gute Note im Examen bekommen. 6. Er war im Regen spazieren gegangen. 7. Sie hatte lange auf diese Nachricht gewartet.

25 2. werden – besuchen, 3. wird – kochen, 4. werden – sprechen, 5. wird – sein, 6. werde – schwimmen, 7. wird – besichtigen, 8. wird – mitkommen

26 2. Ich werde öfter Freunde treffen. 3. Ich werde nicht mehr so viel arbeiten. 4. Ich werde meine Eltern regelmäßig besuchen. 5. Ich werde früher schlafen gehen. 6. Ich werde weniger Geld ausgeben.

27 1. ruf, 2. Kommen, 3. Setzen, 4. seien, machen, 5. Bereiten, 6. Hilf, 7. rufen, 8. machen, 9. lest, schreibt, 10. kopier

28 (1) ist, (2) ist, (3) werden, (4) sind, (5) wird

29 (1) Ist – geworden, (2) werden, (3) wurde, (4) ist – geworden, (5) wird, (6) sind – geworden, (7) ist – geworden, (8) wird, (9) wurde, (10) ist – geworden, (11) sind – geworden, (12) bist – geworden, (13) bin – geworden

30 2. Thomas lässt sein Auto reparieren. 3. Thomas backt einen Kuchen. 4. Thomas repariert sein Fahrrad. 5. Thomas lässt sein Hemd bügeln. 6. Thomas lässt (sich) die Haare schneiden. 7. Thomas fährt sein Auto. 8. Thomas fotografiert / macht ein Foto.

31 1. Am Samstag habe ich meine Wäsche waschen lassen. 2. Ich konnte mir am Vormittag die Haare schneiden lassen. 3. Mein Sohn ließ seine große Schwester seine Hausaufgaben machen. 4. Meine Kinder haben sich mittags eine Pizza bringen lassen. 5. Mein Mann ließ den Garten sauber machen. 6. Ich habe meine Kinder unsere Wäsche bügeln lassen.

32 2. Du brauchst dich nur warm anzuziehen. 3. Du brauchst nicht zu kochen. 4. Du brauchst keine Angst zu haben. 5. Du brauchst nichts zu kaufen. 6. Wir brauchen nur die Nachbarn zu informieren.

33 1. D, 2. F, 3. A, 4. B, 5. C, 6. E

34 2. treffen uns, 3. sich entschuldigt, 4. mich beschwert, 5. wir uns gewaschen, 6. ärgerst dich

35 (1) sich, (2) sich, (3) sich, (4) euch, (5) euch, (6) mir, (7) dir, (8) dich, (9) dir, (10) sich, (11) sich, (12) sich, (13) sich

36 1. den Text, 2. die Lehrerin, 3. den Kurs, 4. das Deutschbuch, 5. die Aufgaben, 6. die Wörter

37 1. seinen, 2. der, 3. ihr, 4. ihm, 5. ihrem

38 1. den, ihn, 2. mir, den, 3. dir, den, 4. Ihnen, sie, 5. ihn, ihm, 6. ihn, 7. den, sie, 8. ihr, einen

39 2. Die Schülerin bringt ihrer Freundin das Buch. 3. Wir schicken unserem Lehrer einen Brief. 4. Ich zeige meinen Freunden den Test. 5. Du bietest einem Freund deine Hilfe an. 6. Die Nachbarn schenken unseren Kindern alte Schulsachen. 7. Ihr holt der Lehrerin ihre Kopien. 8. Die Lehrer geben der Schulleiterin die Poster.

40 2. Ja, sie hat es ihnen erklärt. 3. Ja, er hat es ihm mitgebracht. 4. Ja, sie haben es mir gezeigt. 5. Ja, ich habe sie euch geschickt. 6. Ja, er hat sie ihnen erklärt. 7. Ja, er hat sie ihnen erzählt. 8. Ja, er hat es mir geliehen. 9. Ja, ich habe sie ihr angeboten. 10. Ja, sie hat es mir geholt.

41 1. D, 2. A, 3. E, 4. B, 5. F, 6. C

42 1.c, 2.a, 3.b, 4.a, 5.a, 6.b, 7.b, 8.c, 9.a, 10.c

43 2. Worüber? 3. Über wen? 4. Worüber? 5. Mit wem?, 6. An wen?

44 (1) an ihn, (2) darüber, (3) daran, (4) daran, (5) mit ihr, (6) darauf

45 2. Peter wartet darauf, ein interessantes Stellenangebot zu bekommen. 3. Mia denkt darüber nach, einen Sprachkurs zu besuchen. 4. Meine Kollegen interessieren sich dafür, im Ausland zu arbeiten. 5. Wir diskutieren oft darüber, eine eigene Firma zu gründen. 6. Ich bereite mich darauf vor, eine Präsentation zu halten.

46 2. hätte, 3. würde, 4. wäre, 5. würde, 6. hätte, 7. wäre, 8. hätte, 9. würde, 10. hätte

47 1. wäre, würde, 2. hätte, würde, würden, 3. hätten, würden, 4. hättet, hätten, würden

48 2. Könntest du mir bitte helfen? 3. Könnten Sie bitte das Fenster aufmachen? 4. Könnten

Sie bitte hier unterschreiben? 5. Könntest du mir bitte Geld leihen?

49 2. A, solltest, 3. D, sollte, 4. F, würde – nehmen, 5. B, würde – trinken, 6. E, könnten

50 1. sollte, 2. müsste, 3. Könntest, 4. dürfte

51 2. meine Kollegin nicht so viel reden würde, 3. mein Chef nett wäre. 4. die Firma neue Computer kaufen würde, 5. ich ein eigenes Büro hätte, 6. ich keine Überstunden machen müsste, 7. nicht alle Kollegen immer gestresst wären, 8. ich bald in Urlaub fahren könnte

52 1. Passiv, 2. Aktiv, 3. Aktiv, 4. Passiv, 5. Passiv, 6. Aktiv, 7. Passiv, 8. Aktiv, 9. Passiv

53 1. wird – besichtigt, 2. wurden – repariert, 3. sind – gebaut worden, 4. ist – eröffnet worden, 5. werden – gezeigt, 6. wurde – ausgegeben, 7. ist – finanziert worden, 8. wird – organisiert

54 2. Sie können weggeworfen werden. 3. Das Wohnzimmer muss aufgeräumt werden. 4. Die Bücher können immer sofort ins Regal gestellt werden. 5. Die Blumen müssen jeden Tag gegossen werden. 6. Die Wäsche muss jetzt gewaschen werden.

55 2. Meine Frau kann nicht mitkommen. 3. Sie muss das ganze Wochenende arbeiten. 4. Am Samstag will ich alte Freunde besuchen. 5. Am Sonntag will ich die Stadt besichtigen. 6. Meine Freunde wollen mit mir ins Schwimmbad gehen. 7. Ihre Kinder dürfen nicht allein schwimmen. 8. Am Sonntagabend muss ich den Zug zurück nach Hause nehmen.

56 2. richtig, 3. falsch, Rufst du jetzt noch Paula an? 4. falsch, Dann nehmen wir sie auch mit. 5. richtig, 6. falsch, Die Lehrerin sammelt heute die Hausaufgaben ein. 7. richtig, 8. falsch, Nach dem Kurs kaufe ich im Supermarkt ein. 9. richtig, 10. falsch, Am Abend räume ich meine Wohnung auf. 11. richtig, 12. falsch, Um zehn Uhr schlafe ich meistens ein.

57 2. Ja, ich kann einen Kuchen mitbringen. 3. Ja, ich kann schon mit dem Kochen anfangen. 4. Ja, ich kann dich von der Arbeit abholen. 5. Ja, ich kann heute die Küche aufräumen. 6. Ja, ich kann heute noch einkaufen gehen. 7. Ja, ich kann ein Geschenk für Mama kaufen. 8. Ja, ich kann einen Tisch reservieren.

Lösungen

58 Sie hat um acht Uhr mit ihrer neuen Arbeit angefangen. Die Arbeit hat ihr Spaß gemacht. Zuerst hat sie einen Kaffee getrunken und auf die Gäste gewartet. Mittags sind viele Touristen gekommen und haben Essen und Getränke bestellt. Am Nachmittag hat sie eine kleine Pause gemacht und ein Stück Kuchen gegessen. Am Abend hat sie abgerechnet und ist nach Hause gegangen. Sie ist oft zu Hause geblieben und hat allein ferngesehen. Manchmal hat sie Freunde getroffen oder ist ins Kino gegangen.

59 (2) fangen – an, (3) können trainieren, (4) Haben – gefunden, (5) können – anmelden, (6) hilft, (7) können – besuchen, (8) Melden – an, (9) Haben – gefragt, (10) wollen – mitmachen, (11) macht, (12) können – genießen

3 Substantive

60 -("): der Kugelschreiber – Kugelschreiber, das Fenster – Fenster

-(e)n: die Jacke – Jacken, die Tasche – Taschen, der Kollege – Kollegen, die Frau – Frauen

-(")e: der Stuhl – Stühle, der Tisch – Tische, der Stift – Stifte

-(")er: der Mann – Männer, das Buch – Bücher, das Kind – Kinder

-s: das Sofa – Sofas, das Foto – Fotos, das Restaurant – Restaurants, der Test – Tests

61 2. Gretas Laptop. 3. Alex' Chefin, 4. Elias' Bücher, 5. Franziskas Stifte. 6. Tims Stelle

62 (2) der Räume, (3) der Kinderzimmer, (4) der Wände, (5) der Zimmer, (6) des Gartens, (7) der Blumen, (8) unserer Nachbarn, (9) meiner Schwester

63 (1) Kollegen, (2) Namen, (3) Herr, (4) Praktikanten, (5) Gedanken, (6) Student, (7) Lieferanten, (8) Mensch, (9) Experten, (10) Kunden, (11) Journalisten, (12) der Automat

64 A Verwandten, B Arbeitsloser, Angestellter, C Verletzten, Jugendliche

4 Artikelwörter

65 (2) ein, (3) Der, (4) Das, (5) die, (6) Die, (7) ein, (8) ein, (9) ein

66 1. das, den, 2. den, der, 3. der, dem, 4. dem, dem, 5. den, den, 6. Die, den

67 2. Die Firma hat in den letzten drei Jahren keine Sommerfeste gefeiert. 3. Das Sommerfest ist in einem Restaurant an einem Fluss. 4. In dem Fluss können alle vor dem Essen schwimmen. 5. Die Firma hat auch die Familien von den Mitarbeitern eingeladen. 6. Aber man darf keine Hunde in das Restaurant mitbringen. 7. Ein Mitarbeiter hat leider keine Einladung bekommen. 8. Die Chefin spricht mit dem Mitarbeiter und schickt den Brief noch einmal. 9. In der Nacht tritt ein Sänger aus der Schweiz mit seiner Band auf.

68 2. dein T-Shirt, 3. seine Hose, 4. seine Hose, 5. ihre Schuhe, 6. unsere Tücher, 7. eure Pullover, 8. ihre Schuhe, 9. Ihr Anzug

69 (1) meinem, (2) Meine, (3) ihre, (4) Unser, (5) seinem, (6) Sein, (7) seinem, (8) unserer, (9) Unsere, (10) meine, (11) unser, (12) seinen, (13) Eure, (14) Eure, (15) eure, (16) unsere

70 1. ihrer, Ihrem, ihrem, 2. deine, meine, deine, meiner, 3. seinem, Seine, seinen, 4. unsere, unseren

71 (1) welcher, (2) Dieser, (3) Diesen, (4) Welcher, (5) Diesen, (6) Welches, (7) dieses, (8) Welche, (9) dieser

72 1. Was für eine, 2. Was für ein, Was für ein, 3. Welches, 4. Was für einen

5 Adjektive

73 2. Das Schlafzimmer und das Wohnzimmer sind klein. 3. Ihr Bett ist für das Schlafzimmer zu groß. 4. Der Schrank im Wohnzimmer ist sehr alt. 5. Die Bilder an den Wänden sind schön.

74 (1) neue, (2) besten, (3) alte, (4) blaue, (5) blauen, (6) schwarzen, (7) schwarze, (8) grünen, (9) große, (10) grünen, (11) weiße, (12) nächste

75 (2) feste, (3) Kurze, (4) dünne, (5) weites, (6) kurzen, (7) schönes, (8) hübsche, (9) langen, (10) längeren, (11) bequemeren

76 (2) keine alten, (3) einen großen, (4) Der große, (5) dem kleinen, (6) keinen. (7) seinen weißen, (8) den langen, (9) das gemütliche, (10) den hellen, (11) schöne, (12) unsere guten, (13) eine coole, (14) meine hilfsbereite, (15) ein leckeres

77 (…) ich wollte dir von meinem tollen Wochenende in Salzburg erzählen. Ich habe meine alten Studienfreunde besucht, die dort seit einigen Jahren in einer wunderschönen Wohnung in der Altstadt wohnen. Sie waren das ganze Wochenende mit mir unterwegs und haben mir touristische und auch unbekannte Orte in der Stadt gezeigt. In der engen Getreidegasse war es mir zu voll, dort sind viele Touristen aus der ganzen Welt. Dort ist auch das bekannte Mozarthaus. Im Mozarthaus gibt es ein interessantes Museum mit alten Möbeln und anderen Dingen. Das hat mir gut gefallen, aber am schönsten fand ich die mittelalterliche Burg über der Stadt. Man hat dort einen großartigen Blick und man kann die Burgräume besichtigen. Am Samstagabend haben wir in einem österreichischen Restaurant gegessen. Ich habe einen leckeren Salat gegessen und natürlich auch die berühmte Sachertorte probiert. Am Sonntag waren wir noch in einem großen Park und haben die warme Frühlingssonne genossen – das war toll! Wann hast du Zeit für einen gemeinsamen Ausflug? (…)

78 1. selbstständiger, 2. Nettes, erfahrene, 3. starken, eigenem, 4. spontane, kleinen 5. elegantes, freundliche, 6. schnelle, flexible

79 2. bestellten, 3. bezahlten, 4. gelieferte, 5. ausgefüllte

80 (1) lächelnden, (2) spielenden, (3) bestellte, (4) liebender, (5) gelieferten, (6) nervenden

81 1. alt – älter – am ältesten, 2. viel – mehr – am meisten, 3. teuer – teurer – am teuersten, 4. schön – schöner – am schönsten, 5. groß – größer – am größten, 6. gern – lieber – am liebsten, 7. kurz – kürzer – am kürzesten, 8. hoch – höher – am höchsten, 9. gut – besser – am besten, 10. schnell – schneller – am schnellsten

82 2. Aishe findet das Tablet praktischer als den Computer. 3. Das Tablet ist genauso teuer wie das Smartphone. 4. Karim sieht öfter Serien als Filme. 5. Das Smartphone ist nicht so alt wie das Handy.

83 1. am liebsten, 2. längsten, 3. besser, 4. Am billigsten, 5. Bequemer, 6. kleineren, 7. preiswertere, 8. meiste, 9. stärker

84 (2) besseren, (3) größere, (4) wichtigere, (5) tollsten, (6) kleineren, (7) längsten, (8) älteste, (9) schönste

6 Pronomen

85 1. Sie, ihr, sie, 2. Er, ihn, ihm, dir, 3. du, sie, 4. ihr, er, 5. Ihnen, ich, mir

86 (1) mir, (2) dir, (3) mir, (4) sie, (5) ihn, (6) ihm, (7) mir, (8) es, (9) Ihnen, (10) ihn

87 2. Im Sommer kann man im Park spazieren gehen. 3. Mit der U-Bahn kommt man schnell von A nach B. 4. In der Innenstadt findet man viele schöne Geschäfte. 5. Man kann in internationalen Restaurants essen.

88 2. jemand, 3. alles, 4. etwas, nichts, 5. niemand, 6. man

89 1. keins, 2. eine, 3. einer, 4. einen, 5. eins, 6. keins, meins, eins, 7. eins, 8. eine

90 1. einer, 2. welche, 3. eine, 4. welche, 5. keinen, 6. keins, 7. keine, 8. einen, 9. keine, 10. eine

91 1. meine, 2. seine, ihre, 3. meine, 4. seins, 5. deiner, 6. eure, unsere, 7. deins, meins, 8. seiner, 9. meiner, 10. seine

7 Präpositionen

92 2. für dich, 3. Ohne euch, 4. Für den Salat, 5. ohne den Computer

93 1. zum, 2. mit, 3. Nach, 4. von, 5. aus, 6. bei, 7. Seit

94 1. in das / ins, 2. in das / ins, 3. in dem / im, 4. in der, 5. in dem / im, 6. in den, 7. In dem / Im, 8. in das / ins

95 1.a, 2.b, 3.b, 4.b, 5.a, 6.a, 7.a, 8.a, 9.b, 10.a

Lösungen

96 (2) auf die, (3) in die, (4) auf dem, (5) auf den, (6) in den, (7) auf dem, (8) in das / ins, (9) in dem / im, (10) am Königsplatz, (11) im, (12) auf das, (13) ins

97 (1) bis zum, (2) um ... herum, (3) an ... vorbei, (4) entlang, (5) gegenüber, (6) durch

98 (1) am, (2) um, (3) Von ... bis, (4) am, (5) am, (6) um, (7) um, (8) am, (9) von ... bis, (10) am

99 1. vor, 2. ab, 3. Seit, 4. Nach, 5. Über, 6. am, 7. über, 8. Seit, 9. um, 10. bis

100 1. Während der Öffnungszeiten ist das Büro immer besetzt. 2. Vor dem ersten Unterrichtstag organisieren wir eine Willkommensparty. 3. Während des Festes können Sie die anderen Studenten kennenlernen. 4. Vor dem Kursbeginn müssen Sie das Buch kaufen. 5. Während des Unterrichts sollten Sie alle neuen Wörter aufschreiben. 6. Nach dem Kurs können Sie eine Prüfung machen.

101 1. trotz, 2. Wegen, 3. Wegen, 4. wegen, 5. trotz, 6. Wegen

102 1. außerhalb der Öffnungszeiten, 2. Außerhalb der Ferien, 3. innerhalb der nächsten Stunde, 4. Innerhalb des Geländes, 5. innerhalb eines Monats

103 (1) mit, (2) an, (3) am, (4) wegen, (5) nach, (6) nach, (7) im, (8) bis, (9) im, (10) Während, (11) ohne, (12) durch, (13) Für

8 Sätze verbinden

104 2. Ich muss leider heute arbeiten, aber wir können morgen ausgehen. 3. Wir können einen Film sehen und dann ins Restaurant gehen. 4. Morgen Abend macht Carla eine Party und sie hat uns eingeladen. 5. Schenken wir ihr ein Buch oder bringen wir Blumen mit? 6. Ich habe ein Buch für sie gekauft, aber wir können auch noch Blumen kaufen.

105 2. weil das Wetter schön ist. 3. weil sie dreißig Jahre alt wird. 4. weil ihr Bruder Fabio nicht kommen kann. 5. weil der dort einen Sprachkurs macht. 6. weil sie viele alte Freunde wiedersieht. 7. weil sie nicht kochen will. 8. weil sie gern liest.

106 2. Er findet es gut, dass man alle Nachrichten sofort lesen kann. 3. Er erzählt, dass er manchmal zu viel Zeit im Internet verbringt. 4. Er denkt, dass man so tolle Sachen im Internet kaufen kann. 5. Er freut sich, dass man mit Freunden auf der ganzen Welt in Kontakt sein kann. 6. Er sagt, dass er schon viele Reisen im Internet gebucht hat.

107 2. Wenn das Wetter schön ist, gehen wir in den Park. 3. Wenn es heiß ist, schwimmen wir im See. 4. Wenn es regnet, sitzen wir im Café. Wenn ein interessanter Film im Kino läuft, gehen wir ins Kino. 6. Wenn wir am nächsten Tag frei haben, tanzen wir die ganze Nacht.

108 (1) weil, (2) dass, (3) Wenn, (4) Wenn, (5) dass, (6) dass, (7) weil

109 (1) wenn, (2) wenn, (3) als, (4) als, (5) Wenn, (6) wenn, (7) als, (8) als, (9) als, (10) wenn

110 1. F, 2. E, 3. A, 4. C, 5. B, 6. D

111 2. damit sie nicht so allein ist. 3. um keinen Stress zu haben. 4. damit die Gäste sich wohlfühlen. 5. damit alle Leute das Gericht essen können. 6. um ihm zu helfen. 7. um Felix eine Freude zu machen.

112 1. Miriam sollte mehr lernen, denn sie hat schlechte Noten. 2. Pascal sollte eine andere Sprache lernen, weil er dann leichter eine Arbeit findet. 3. Robert sollte weniger telefonieren, weil seine Handyrechnung sehr hoch ist. 4. Ines sollte mehr kochen, denn sie gibt zu viel Geld in Restaurants aus. 5. Marco sollte seine Eltern besuchen, weil er sie seit einem Jahr nicht gesehen hat.

113 (1) obwohl, (2) obwohl, (3) da/weil, (4) da/weil, (5) da/weil, (6) obwohl, (7) obwohl, (8) da/weil, (9) da/weil, (10) obwohl

114 2. Ich bin total erkältet, trotzdem gehe ich morgen zur Arbeit. 3. Draußen regnet es fürchterlich, trotzdem gehe ich lange spazieren. 4. Ich reise gern, deshalb besuche ich oft Freunde in anderen Ländern. 5. Ich lese gern Krimis, deshalb gehe ich oft in die Bücherei. 6. Ich habe mir ein Auto gekauft, trotzdem fahre ich immer mit dem Fahrrad zur Arbeit.

115 1. Fred ist in der Arbeit unzufrieden, deshalb liest er Stellenanzeigen. 2. Sein Gehalt ist nicht hoch, darum sucht er eine besser bezahlte Stelle. 3. Fred hat so viel Erfahrung, dass er bald eine neue Stelle finden wird.

4. Er bereitet alle Dokumente vor, sodass er sich sofort bewerben kann. 5. Er mag seine Kollegen gern, deswegen ist er auch etwas traurig.

116 2. Nachdem wir in Spanien angekommen sind, fahren wir zusammen ans Meer. 3. Nachdem wir im Restaurant gegessen haben, checken wir im Hotel ein. 4. Bevor wir schlafen gehen, planen wir den nächsten Tag. 5. Nachdem wir früh aufgestanden sind, schwimmen wir im Pool. 6. Bevor wir nach Hause fliegen, schreiben wir Postkarten.

117 1. Seit, 2. während, 3. seitdem, 4. Bis, 5. seitdem, 6. Während, 7. während

118 2. Können Sie mir sagen, wo die nächste U-Bahn-Station ist? 3. Wissen Sie vielleicht, wann der Bus zum Bahnhof fährt? 4. Könnten Sie mir sagen, was es heute im Theater gibt? 5. Darf ich Sie fragen, wohin der Bus 100 fährt? 6. Ich bin nicht sicher, wie alt das Rathaus ist.

119 2. ob ich gut geschlafen habe. 3. ob wir morgen zu ihr kommen. 4. ob mir meine Schule gefällt. 5. ob mir mein Papa oft hilft. 6. ob wir manchmal Fußball spielen.

120 2. Sport zu machen? 3. Bücher zu lesen, 4. noch eine Sprache zu lernen, 5. eine Radtour zu machen, 6. Computerspiele zu spielen, 7. für Freunde zu kochen

121 1. die, 2. die, 3. der, 4. den, 5. die, 6. den

122 (1) das, (2) der, (3) dem, (4) der, (5) die, (6) den, (7) die, (8) den

123 2. Die Getränke, die wir vor einer Woche bestellt haben, sind noch nicht da. 3. Der Film, den wir auf dem Fest zeigen wollen, ist schon fertig. 4. Die Kollegen, die ich einlade, sind sehr nett. 5. Ein Kollege, den ich besonders gern mag, hat leider keine Zeit. 6. Der Hausmeister, der meistens gestresst ist, kommt auch. Das letzte Fest, das im Sommer war, war super.

124 2. Das ist der Mitarbeiter, von dem du einen Schlüssel bekommst. 3. Das ist der Kopierer, der neben dem Büro steht. 4. Das ist das Büro, in dem du sitzt. 5. Das ist die Kollegin, mit der du viel zusammen arbeitest. 6. Das die Mitarbeiterin, ohne die hier nichts funktioniert.

125 (1) was, (2) wo, (3) wo, (4) wo, (5) was, (6) wo, (7) wo, (8) was

126 2. Entweder ... oder, 3. nicht nur ... sondern ... auch, 4. weder ... noch, 5. Einerseits ... andererseits, 6. zwar ... aber

127 2. Je länger ich lerne, desto mehr Wörter kenne ich. 3. Je öfter ich spreche, desto weniger Fehler mache ich. 4. Je mehr Filme ich sehe, desto leichter verstehe ich. 5. Je häufiger ich Aufgaben mache, desto schneller werde ich. 6. Je aktiver ich bin, desto besser verstehe und spreche ich. 7. Je weniger Angst ich habe, desto mehr Spaß macht es.

Quellenverzeichnis

Cover   1. iStockphoto (nensuria)
            2. Shutterstock (Valua Vitaly)
            3. Shutterstock (Robcocquyt)

S. 6   Shutterstock (wavebreakmedia)

S. 7   Shutterstock (wavebreakmedia)

S. 10   1. Shutterstock (Khabieva)
            2. Shutterstock (ESB Professional)
            3. Shutterstock (Kzenon)
            4. Shutterstock (QED by Thomas Huster)
            5. Shutterstock (il21)

S. 12   1. Shutterstock (pixelheadphoto digitalskillet)
            2. Shutterstock (Zurijeta)

S. 15   Shutterstock (Pressmaster)

S. 16   Shutterstock (Jack Frog)

S. 17   Shutterstock (Petr Jilek)

S. 18   Shutterstock (PRILL)

S. 21   Shutterstock (Nata-Lia)

S. 24   Shutterstock (Olena Yakobchuk)

S. 28   Shutterstock (Daisy Daisy)

S. 30   Shutterstock (Stokkete)

S. 33   Shutterstock (Kanyanat Kasemsook)

S. 36   Shutterstock (wavebreakmedia)

S. 40   Shutterstock (Sean Pavone)

S. 42   1. Shutterstock (Polina Pobereshsky)
            2. Shutterstock (Solis Images)

S. 43   Shutterstock (VICUSCHKA)

S. 47   Shutterstock (canadastock)

S. 50   Shutterstock (LaMiaFotografia)

S. 51   1. Shutterstock (Oleg Golovnev)
            2. Shutterstock (Henri Schmit)

S. 52   Thinkstock (william87)

S. 56   Shutterstock (Solis Images)

S. 57   Shutterstock (pixeltrain)

S. 58   Shutterstock (QED by Thomas Huster)

S. 59   Shutterstock (Alex Linch)

S. 61   Shutterstock (Photographee.eu)

S. 62   Shutterstock (Mark Nazh)

S. 64   Shutterstock (Pranee Chaiyadam)